「学校いじめ」のメカニズムと危機管理

今津孝次郎

「いじめ防止対策推進法」の光と影

黎明書房

目　次

「学校いじめ」の
メカニズムと危機管理

「いじめ防止対策推進法」の光と影

いじめ問題に対峙する基本姿勢

法制化された局面での問い直し

いじめと言えば，昔から子どもたちの間ではありふれた事象であった。大人たちの眼から外れた地域での遊び仲間のなかで，いじめたり，いじめられたり，あるいはそうした経験を身近に見聞きしたことは，一定の年齢以上の人々にとっては誰もが多少とも記憶にあるはずである。

それが1980年代を通じて，子どものいじめが大人にとって見過ごすことのできない深刻な社会問題として意識されるようになった。学校でのいじめである。特に中学校段階では特定の生徒に対するいじめが執拗に続き，その生徒が自殺に至る事件が相次ぐようになった。新聞やテレビのメディアが事件を大きく報道することによって，それまで地域の子ども仲間で「いじめる」伝統的な行為でしかなかったものが，新たな「学校いじめ」として全国的に注目され，議論が広がっていく。

1990～2000年代には，各地の学校や教育委員会そして文科（部）省が注意喚起の通達を何度も出し，毎年度のいじめ認知調査を実施し，各学校では「いじめ防止基本方針」の策定や「いじめ防止委員会」（あるいは「いじめ防止対策委員会」，「いじめ対策会議」など各学校により多様な名称あり）の設置，定期的なアンケート調査をはじめ各種対策措置をそれなりに講じていったのだが，深刻ないじめ事件が後を絶たない状態が続いていく。

そこで，学校教育関係者はメディア関係者と同じように，解決を焦る

気持ちがつい出てしまうのであろう，「いじめゼロ」「いじめを無くす」「いじめの根絶」といったいじめ対策スローガンを繰り返し叫んでいったのは，自然な成り行きだったかもしれない。

　もちろん，いじめを否定する結論はその通りである。ただし，その結論に至るまでに，いじめの仕組みの時代的変化や青少年の発達的特徴，さらには学校・教育委員会・文部科学省（以下「文科省」，2001年1月の中央省庁再編以前の文部省を含める場合は「文科（部）省」）による対策措置などの過程について，時代を追って多角的に検討することが不可欠である。その作業をおざなりにして，対策のスローガンを口にするだけでは，ことばだけで解決した気分になり，実に上滑りで空回りするだけの取組みになってしまう。それだけに，ここで一度立ち止まって，議論の仕方や対策・予防の取組みを根本的に問い直すことが必要である。

　2010年代に入って，ついに「いじめ防止対策推進法」（2013年，以下「防止対策法」）といういじめ問題で日本初の法律が制定されるに至った。本来なら学校教育を通じて解決すべきなのに，法的介入を招いたのは，社会問題化が極限にまで至り，国を挙げての法制化を余儀なくされたのだと言えよう。

　それでは今後は法律に従っておればいじめは解消されていくのか，といえばそうとは言えない。法の公布と施行から満10年を経た時点で，法による効果がどれだけ上がったか，それでもなお解決できない課題がどれだけ残っているか，を検証すべきであろう。法に関して検討すべきだと思いつく点として以下の五つが挙げられる。

　第1に教員・児童生徒・教育委員会・保護者・地域住民のすべてが法律条文を知って，理解できているとは限らない。

　第2に＜法律の原理＞と＜教育の原理＞は異なる面があって，すべて法律に従って児童生徒の指導をおこないながら，学校教育を日常的に細かく運営できるわけではない。

第3に教員は1980年代から種々のいじめ事件の経験を通じてそれなりに習得してきた「経験知」があるはずで，それらは法律条文とは重ならない別の内容の知識となっていると思われる。

　第4に法制化の下での10年の間も，なお全国でいじめ事件が生じている。しかも法律が重視する「重大事態」の認定をめぐって，学校・教育委員会・保護者の間でトラブルが相次いでいることが，今なお各種メディアで大きく取り上げられている。果たして法律は妥当な有効性を持つのかという疑問が浮かんでくる。

　第5に法律条文に不備があって（いじめの「定義」他），改正すべきではないか，という声がすでに弁護士団体から出されている[1]。

　こうした経緯を眺めてみると，何よりもまず，子どもたちの歴史的な「いじめる習俗」と新たな現代的「学校いじめ」はどこがどう違うのか，つまり「学校いじめ」のメカニズムを深く解明できているかどうかが問われる。さらに，いじめ対策や予防の具体的措置が適切であるか，つまり対策や防止のメカニズムを詳細に検討できているかどうかが問われる。法制化という新たな局面に即しながら，それらを改めて問い直すことが喫緊に求められている。

　ここで「メカニズム」というのは，個々のいじめ行為をめぐる加害と被害の立場の属性や心理状態，立場の転換などの「微視的」（ミクロ）な仕組みだけに注目するのではない。学校のなかでのいじめ行為が発生して持続していくことが，学校組織全体にどのような影響を及ぼしているかという側面にも注目する。そして，いじめの対処と防止に関する学校・教育委員会・文科（部）省の施策の仕組み，さらにはいじめ問題へのメディアと世論の影響力など，より広い視点を含む「巨視的」（マクロ）な仕組み全体を対象にした「メカニズム」の意味である[2]。

　「学校いじめ」に向き合う際の基本姿勢そのものを学校教育関係者と世論全体が確立しないと，いくら「いじめを無くす」と声高に叫んでも

問題解決はできないだろう。「急がば回れ」のことわざ通り，少々時間と手間がかかっても，確実な道を着実に歩むことで目標に到達できると考える。

　そこで序章では，問題に向き合う基本姿勢を支えられると考える四つの条件を整理して以下に説明したい。

　なお，「いじめ」「いじめ問題」という問題全体を指す一般的な慣用語も使うが，学校でのいじめという問題に限って特に示す場合には「学校いじめ」という強調表現を使用する。

1　いじめ問題 45 年間の変質

「学校いじめ」の出現

　いかなる社会問題でも，その解決を焦ってしまうと，目の前の個別事象そのものに気を取られて，その原因や対応策の不備などを近視眼的に眺めてしまうものである。しかし，それこそ「急がば回れ」のことば通り，立ち止まって，問題に対峙する関係者自身の立ち位置を確認し，問題状況を俯瞰して捉え直す柔軟で幅広い視野を確保しながら，個別の問題に深く切り込んでいく基本的構えが求められる。

　俯瞰して捉え直すうえでは，これまでのいじめ問題に関する全国各地のさまざまな苦い経験が大いに役立つはずである。苦い経験は，何よりも各地のいじめ「自死」事案に集中している。

　法制化の下でさえ，いじめ事件が後を絶たないという現実の奥には何らかの原因があるはずである。それは過去の経験知を持つ教員とは別に，過去の苦い経験を知らない，あるいは知ろうとしない，また過去の経験は自分たちに関係ないと思っている，あるいはそれ以外に，学校関係者のなかに独特の内的な障壁が深層心理のように密かに生じている場合も

あるのでは，と思われる。過去の苦い経験を踏まえるということは，いじめ問題が社会問題化してきた歴史全体を把握することに他ならない。

　大人たちが無関心だった子どもたちの「いじめる習俗」から，強い関心を向けるようになった新たな「学校いじめ」事象に転換したのはいつの頃だっただろうか。一般には各地で大きないじめ事件が続いた1980年代半ばころではないかと言われている。たしかに1980年代を通じて「いじめ」という新しい名詞形のことばが流布するようになった。

　『広辞苑』を調べると，第3版（1983年）までは「いじめる」という動詞形だけで「いじ（苛）める＝弱いものを苦しめる」と説明されていたのが，第4版（1991年）になると「いじめる」に加えて名詞形「いじめ」が追加されて「いじめること。特に学校で，弱い立場の児童生徒を肉体的または精神的に痛めつけること」と説明されている。つまり1980年代を通じて，「いじめる」行為を大人の目から対象化して深刻な問題と捉えて，論じやすい名詞形「いじめ」が一般化していったことを示している。

　とはいえ，いじめ事件のメディア報道を詳細に拾い上げると，それよりも前の1970年代後半から少しずつ増えていたことに気づく。1970年代末から20年間にわたるいじめ資料を丹念に収集した『いじめ問題ハンドブック－分析・資料・年表－』によれば，最初に挙げられたいじめ事件は1978（昭和53）年の「滋賀県野洲町・中学3年生」によるいじめの仕返し事件である[3]。そこで，形式的ではあるが，この1978年を新たな「学校いじめ」の始まりとしてみよう。

　そうすると「防止対策法」が制定される2013年までの35年間が社会問題化の時期となり，続いて同法が施行されてから10周年となる2023年までが法制化の時期となる。合わせると計45年間，私たちは社会問題としての「学校いじめ」に対峙してきたことになる。現在が法制化の下にある以上，法律で何が解決し何が課題として残っているかが

今の主要な関心事となる。

　しかし，先ほど5点の理由を挙げて，法律に従っておればそれで良いというわけではないと述べた。社会問題化の35年間の経験知を洗い出しつつ，学校教育の原理と法律の原理の共通点と相違点を洗い出しながら，最終的には教育の世界を核にして総合的に検討しないと，実践課題を適切に設定できないのではないだろうか。

　そこで，この法制化の10年を振り返るだけでなく，それ以前の社会問題化の35年間の諸経験を改めて振り返り，この45年間の軌跡を全体として捉え直さないと，俯瞰的に「学校いじめ」を捉えることはできないと考える。

いじめ認知件数の受止め方の揺らぎ

　45年間の軌跡全体を俯瞰すると，国のいじめ防止対策に一つの大きな変化が生じたことに気づく。基本調査となる毎年度の全国「いじめ認知」件数データの読み方が大きく変わってきている点である。

　全国調査が始まったのは1985（昭和60）年。その後，調査の基準や対象が時折変化しているので，このデータは厳密な時系列変化を示しているわけではない。当初は「学校として，その事実を確認しているもの」であったのが，確認は手間がかかり学校による相違が大きいので，1994（平成6）年から，「学校の確認」を外した。当初は公立小・中・高校が対象だったのが，2006（平成18）年から国立・私立学校も対象に加わった。そして2013（平成25）年からいじめの定義が新たになっている。

　この全国調査は，あくまで「いじめ認知」件数の報告であり，いじめと見なすかどうかについて学校の主観的判断が入るから，客観的な「いじめの実態」調査ではない。自治体ごとに件数の量的差異も大きいので，果たして的確に認知されているのだろうか，といつも疑問が抱かれてき

た。しかも，いじめ事件が大きな話題になった翌年には認知件数が増え，いじめ事件が落ち着いてくると認知件数が少なくなるという変化を見ても，いじめの客観的実態を把握するものではなくて，学校がいじめをどう見ているかの心理的な判断状況を示すデータという性格を帯びる。

　35年間の社会問題化の段階では，いじめ認知件数報告は少ない方が良いという判断が大勢であった。いじめ自死事案が増え，認知件数が増加傾向を示した2000年代半ばには，文科省は件数を半減するという目標を謳っていた。データを眺める世論も同じような見方であり，政府も様々な通達文書や国会答弁で「いじめは教育を受ける権利の侵害であり，人格の形成に重大な影響を与え，生命と身体に危険を生じさせるから，無くすべき」という価値判断を下していたから，いじめ認知件数が増えた年度には「いじめを無くすべき」との批判的な意見が出された。

　2006年の国会で，安倍晋三首相（当時）が次のように答弁するのを私はテレビニュースで見ていた。「いじめの実態を学校はありのままに報告してほしい。しかし，いじめ件数は減らしてほしい」。この苦しい答弁に，いじめ認知件数をどのように理解して評価すればよいのかについての方針が未だ確立していないことが如実に示されている。認知件数を減らすためには，学校側はいじめを認知しないで，件数に数えないというズサンな判断をすればよいことになるからである。

　ところが，いじめ事件が後を絶たない状況を踏まえ，法制化10年の時期に入ると，文科省は「どんな小さないじめでも報告すべき」という指示を打ち出すようになり，毎年度のいじめ認知報告件数は小・中学校で大幅に増加傾向となった（図1−1）。

　こうしたいじめ認知の増加傾向に対して，いじめに細かな注意を払っているのだから望ましい，という態度を文科省が打ち出したのは，かつての減らすべきだという態度とはまったく異なっている。こうした目標方針の転換について，学校現場では混乱が生じているのではないかと想

像する。いじめ認知件数を減らすのか，増やすのか，どちらの方針なのか，と。

　社会問題化35年の時期と同じように，今もなお暗黙のうちに認知件数を減らすべきだと思っているとすれば，認知そのものがあやふやなままとなり，些細ないじめでも早くに介入して調べるという「初期対応」（初動）に失敗するかもしれない。しかも，今の認知報告データがなぜ増えているのかという意味も理解できないだろう。

　もちろん，認知件数を増やした上で，いじめ解消は従来通りの目標であるから，こうしたいじめ認知件数の読み方の変化は「結論に至るまで…時代を追って多角的に検討する過程」にようやく注目し始めた現われと言える。つまり，細かくいじめ認知をした後の対処こそ重要になる。

　どのように個々のいじめ解消に具体的に取り組んでいくのか，そして万一「重大事態」が生じた場合はどうするのか，という次の大きな実践課題に向き合うからである。こうして，法制化10年の段階に至って，ようやく本格的な検討過程のスタートラインに立ったと言えるだろう。

　2022年末に12年ぶりに改訂された文科省『生徒指導提要』は，個別の児童生徒指導の課題の最初に「いじめ」を取上げ，以下のように述べている。

　　…いじめ防止対策推進法が施行されて以降，いじめの積極的な認知が進み，いじめの認知件数は増加の傾向にあります。各学校や教育委員会において，いじめの積極的な認知と併せていじめの解消に向けた取組が進む一方で，未だにいじめを背景とする自殺などの深刻な事態の発生は後を絶たない状況です。…[4]

　残された課題とされる「深刻な事態の発生」の原因の一つとして考えられるのは，社会問題化35年当時の発想法に絡め取られて，いじめは

即刻否定すべきであり，「いじめ認知」件数は少ない方が良い，「いじめの仕組みの時代的変化…対策措置などの過程について，時代を追って多角的に検討する」作業は必要ない，という無意識的な向き合い方が，一部の学校・教育委員会のなかに今なお残存していることである。

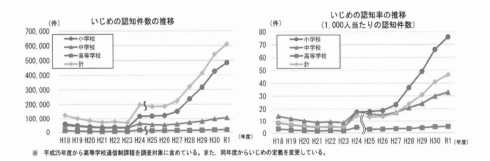

※　平成25年度から高等学校通信制課程を調査対象に含めている。また，同年度からいじめの定義を変更している。

図1−1　いじめの認知件数の変化（2006 〜 2019 年度）

（認知基準は平成 25 年度から防止対策法の「定義」に従う）

〔出典〕文科省ウェブページ「いじめの認知件数の推移」より

2　青年前期の特徴といじめのイメージ

青年前期の攻撃性を問う

1980 年代初頭の日本では，いじめ問題が少しずつ注目され始めていたが，「集団主義が優勢な日本では村八分に見られるように排除がはたらきやすい」といった俗流日本文化論や，「受験勉強のストレス発散である」といった，いい加減で思いつきの見解がまかり通っていた。その後 10 年以上の間，次々と生起する深刻ないじめ事件に学校教育界だけでなく社会全体が追われて，「学校いじめ」をどう捉えて，いかに対処し，どう予防するかを的確に受け止めかねていて，正直なところ茫然として

いたというのが当時の状況だったと言えよう。

　実は「学校いじめ」が1970年代から北欧で最初に社会問題となり，1980年代を通じて世界的にも共通する解決すべき深刻な課題であると私が改めて知ったのは，1996年から97年にかけて，海外研修で英国に出張し，オープンユニバーシティとロンドン大学キングスカレッジに滞在したときである。ちょうど1994年末に愛知県西尾市の中学2年生・大河内清輝君のいじめ自死事件が起きて，遺書の全文が新聞で報道されたことがあり，大きなメディア報道が連日続いた1年半後のことである（詳しくは西尾市【事案3】）。

　愛知県内の大学で勤務していた私は，事件後1年くらいの間に，西尾市の当該中学校をはじめ，愛知県内各地で教員や保護者，地域住民を対象にしたいじめ研修会が開かれた際に問題提起の話をした。一通り愛知県内を回ったあとの渡英であったから，いきおい英国内で学校いじめについて資料を集め，人々の話を聞くことになった。

　オープンユニバーシティの図書館ではいじめに関する図書が予想以上に揃っていた。「学校いじめ」は英語で school bullying または bullying in（at）schools と言い，いじめ問題は bully/victim problems である。「加害者 bully と犠牲者 victim の関係の問題」という実に直截的な表現が，日本語の「いじめ」という曖昧で漠然とした言い方と全く異なっていて印象的であった。

　世界で初めていじめ問題を学術的に検討したことで名高いノルウェーの心理学者オルウェーズ（出身国のスウェーデン語ではオルヴェーウズと発音）による1993年刊行の『学校のいじめ』の著作が本棚にあった。冒頭を読むだけで新たな知識を得ることができる[5]。

　　いじめは，1960年代の終わりから1970年代のはじめにかけて，
　　まずスウェーデンで強い社会的関心を集め，その関心は急速に他の

スカンジナビア諸国にも広がっていった。この問題は，ノルウェーでは長い間マスメディアおよび教師，両親の関心事であったが，学校当局は公式には関与しなかった。だが，数年前に事情が激変した。ノルウェー北部の 10 歳から 14 歳の 3 人の児童生徒が，仲間のはげしいいじめにあって自殺したことが新聞に報道され，マスメディアや一般の人々の強い不安と緊張を呼び起こし，その結果，1983年の秋に，ノルウェー文部省の肝いりで，小・中学校における『いじめ防止全国キャンペーン』が繰り広げられた。…中略…

　私は一般的に，ある児童生徒が，繰り返し，長期にわたって，1 人または複数の児童生徒による拒否的行動（negative actions）にさらされている場合，その児童生徒はいじめられていると定義している。

　ここでいう「拒否的行動」とは，ある児童生徒が他の児童生徒に意図的に攻撃を加えたり，加えようとしたり，怪我をさせたり，不安を与えたりすること，つまり基本的には攻撃的行動の定義に含意されているものである。…後略…（傍点は原文斜体）

この一文を読むだけでも，日本の「学校いじめ問題」への向き合い方がどれだけ世界の動向と乖離しており，国内だけの勝手な思いつきの判断に陥っていたかが感じられる。日本の初期の向き合い方について率直に感じた問題点を次に三つ挙げよう。

　なお，英語で bullying という場合，身体的な暴力の側面が強く，日本語の「いじめ」が精神的圧力の側面を幅広く含むのとは違いがあるようであるが，二つはいずれも「被害者を生み出す」（victimization）点で，同じような行為として把握しておきたい。

　(1)　1980 年代初頭に日本でいじめ問題への注目が始まったとはいえ「村八分のような排除であり，集団主義の日本に特有のもの」といった

勝手な言い方をしていた時期に，すでに北欧の国々では 1960 年代末〜70 年代にかけて，学校でのいじめが社会問題になっていた。つまり，日本でそれなりに注目していたとしても，海外の詳しい様子には目もくれず，内に籠るだけの閉鎖的な問題設定に止まっていた。それはおそらく「たかが子どものいじめではないか」といった過去の「いじめる習俗」の発想に引きずられ，新たな「学校いじめ」の認識が欠如していたのであろう。

（2）　ノルウェーの 10 歳から 14 歳の 3 人の児童生徒が，仲間からのいじめにあって自殺したことが新聞に報道され，人々の強い不安と緊張を呼び起こし，1983 年の秋にはノルウェー文部省の肝いりで，小・中学校における「いじめ防止全国キャンペーン」が繰り広げられた，との経緯は，「いじめによる子どもの自殺」⇨「マスコミの報道」⇨「世論の関心の高まり」⇨「国の教育政策の取組み」という流れとして，日本とも共通する過程を辿っている。

しかしノルウェーの「いじめ防止全国キャンペーン」のように，文部省が声をかけて大規模に取組むことは，日本では実行するまでにはかなりの時間がかかり，対策はきわめて遅れていた。日本でも自殺者が出ているにもかかわらず，深刻な事態に対する危機意識が弱かったと言わざるを得ない。

（3）　私は，この一文のなかでもっとも注目すべき用語は「攻撃性行動」（aggressive behavior）ないし「攻撃性」であると受け止めた。日本では日常語でも研究用語でもすべて「いじめる」「いじめ」が使われる。しかし，一般にいじめの行為者は，実際にはいじめという意図を持っていないことが多い。単なる「からかい，悪口，冷やかし，あだ名で呼ぶ，仲間外し，無視など」だと思っている。気軽にそうした行為に走っても，相手に強い嫌悪感や苦痛を及ぼす結果が「いじめ」となる。

つまり，加害と被害の関係のなかで，加害の行為の奥にある心理・行

15

動性向が何であるかが問われるべきである。「いじめ」は，行動性向が表面的に現れ出た事象を示しており，日本のいじめ論議は，加害の「表面」レベルばかりで，その「深層」レベルにまで掘り下げていないように感じる。

　掘り下げて捉える理由は，国内でも海外でも共に生じるいじめ事件には，青少年の年齢的特徴が見られるからである。国の教育制度や社会・文化状況を異にするのに，なぜ青年前期の段階で共通するのか。「攻撃性」を青年前期の人間発達段階の特性として捉えることが何よりも重要だと考える。ここで「青年前期」と言うのは，一般には「思春期」と呼ばれてきたが，それをあえて「青年前期」と称する理由については第1章第3節で詳しく説明したい。

　この時期にある青少年は，身体の急速な成長に対してこころが追い付いていないので不安定であり，社会的ルールも未だ身についていない。自我が芽生え始めてはいるが，確固とした自己が未だ確立しているわけでもない，揺れ動く感情を適切にコントロールすることも難しい，そんな不安感や不満感から，一人で，あるいは徒党を組んで，誰かをことばで，あるいは暴力で心や身体を傷つけていくような攻撃性が出現しやすくなる。

　こうした攻撃性の出現は，多くの大人たちがかつて経験していて，馴染み深い自らの発達上の変化であるはずである。ところが，「いじめ」という用語での議論では，そうした発達上の変化について詳しく言及しないのである。

　したがって，いじめ加害者に投げかけることばは，「いじめは悪い行いだからしてはいけない」とか「いじめは相手が嫌がり，相手に苦痛を与えることに気づきなさい」といった，行為に直接関わるものではなくて，むしろ加害者自身に対して，「何か不安や不満を感じることがあるか」とか「どのような人間になりたいと思っているか」といった問いかけに

して，加害者の揺れ動く内面を周辺から探ってみる方がいじめの克服に近づけるように思われる。

いじめ問題の異なるイメージ

さて，1990年代末の滞英中は，イングランド中部の小さな町にある借家住まいだったので，私は近所の学校にときどき出かけた。公立小学校と中等学校を訪問した折には，管理職の教師と日・英のいじめ状況について意見交換をおこなうことができた。強く印象に残ったことがある。

小学校長の話の最後の一言，「人間（human being）が集団生活をするといじめはつきものです。そのつど問題にして，具体的な対応を積み上げるしかありません」。

中等学校の副校長の話の最後の一言，「イギリスにもいじめによる自殺者がいます。本校では，幸い暴力的ないじめはめったにないのですが，言葉によるいじめがあり，教師も気づきにくく厄介です。思春期というのは独り立ちの過程で，特徴的な問題行動を起こしがちですね」。

印象的だったのは，この二人の表情が共に開放的で軽やかで笑顔に満ちた話し方をしていたことである。そして，いじめは人間の「悪的」側面として正面から受け止めて地道に克服するしかない，という主張で重なり合っていたことである。もしかして，宗教的な文化（キリスト教的な性悪的人間観）の違いが背景にあるのかもしれない，とも感じた。

これに対して当時の日本でいじめ問題を議論するときは，眉間にしわを寄せて，声を潜めるように重々しく，どこか閉鎖的で「いじめの撲滅」といった単純で上滑りのスローガンを掲げるに留まり，人間性の奥深さや，青少年の発達的特徴といった根本的な人間理解のレベルまで探究を深める基本姿勢が無いと感じられた。つまり，わずか二人との限られた会話からではあったが，いじめ問題のイメージがイギリスと日本でまったく異なる印象だったのである。

こうしたイメージの違いは，日本のいじめの認識にも影響を与えているような気がする。社会問題化35年間の小学校長のなかには，「本校にはいじめはありません」と自慢げに話す姿を見たことがあった。本当に「無い」のだろうか？　それが「自慢」になるのだろうか？　と疑問を抱いた。むしろ「残念ながらいじめではないかと思われる事象があり，担当者が共同して調査中です」と言ってもらった方が，校長を信用できる。

　深く考えるまでもなく，いじめは否定すべきもので，「いじめの無い学校は良い学校，いじめのある学校は悪い学校」といった勝手な思い込みによるステレオタイプに縛られているのではないか。そこには人間性の本質とか，青少年の発達的特徴といった検討が入る余地はなく，きわめて内向きで閉ざされた思考回路に支配されているように思われる。それが日本のいじめ問題に対する暗黙のイメージなのではなかったか。

　そうしたいじめ問題イメージを考えてみると，法制化10年の段階に入ってから，少しずつ変化しているように感じられる。しかし，社会問題化35年の時期に見られたような，内向きで閉ざされた思考回路はまだ生きているかもしれない。法制化の下でさえ，たとえ少数でも，いじめ認知を避けたり，「重大事態」の認定をしなかったり，認定をしても教育委員会や文科省への報告をしなかったりして，いじめの解消どころか，暗黙のうちに学校組織の自己保身に流れるケースが出現しているからである。

3　「学校いじめ」で追い詰められた「自死」

「学校いじめ」の社会問題化

　ノルウェーで学校いじめが大きな社会問題となったのは，いじめによる自殺者が出たことであった。日本でも本格的な社会問題の始まりと

なったのはやはりいじめによる自殺である（上福岡市【事案１】参照）。最も生命力があふれ出るように成長する時期にある青少年が，学校内の仲間からのいじめで自ら命を絶つという出来事は社会全体に衝撃を与え，メディアが大きく報道するのも当然である。いじめ自殺事件は，いじめの対策や防止のためにさまざまな措置が取られる契機となるとともに，「学校いじめ」を検討する際の新たな論点を提起していくことになる。そして，ついに 2013 年の法制化にまで行き着いてしまった。

　遺書が残され，あるいは遺書が無くても明らかな状況証拠から，いじめと自殺が因果関係にあると判断される場合もあれば，因果関係が明らかでないケースもある。最近では，仮に学校がいじめによる自殺ではないと結論づけても，遺族の訴えで第三者委員会が組織され，詳細な調査がおこなわれた結果，いじめによる自殺であると認定されるケースも出てきている。遺族が共通して知りたいのは，具体的にどのようないじめ行為だったのか，それを教員や学校組織がどう受け止めて，具体的にいかに対処しようとしたかという一連の事実であり，その事実をありのままに誠実に伝えてほしいという心からの願いである。

　ところが，調査が不十分で，結果も伝えられず事実が分からない，ということで願いをかなえられないと感じた遺族は，学校に対する信頼感を失い，民事裁判に訴えて法廷で事実を明らかにしようとする次の段階に入ってしまう。こうした紛糾が生じることも，「学校いじめ」の仕組みに内在する問題であり，個別のいじめ問題の範囲を超えて，学校組織全体の運営の改善に向けて検討すべき論点となる。つまり「学校危機管理」（単に「危機管理」とも表記）の論点であり，次節「4　『学校いじめ』の危機管理」で述べる「スクール・マネジメント」の問い直しである。

「自死」の事案

　最近では，「自殺＝自らを殺す」という表現よりも，追い詰められた

末にやむなく死を選ばざるをえなかったという「自死」という表現がよく使われるようになった。本書でもできるだけ「自死」の表記に従う。では，いじめは何処まで「追い詰め」ようとするのか。そして，執拗な繰り返しが「追い詰め」ることになる点に，いじめ加害者は気づいているか。もしも最初の段階で何らかのストップがかけられて，繰り返しが止まり，エスカレートしなければ「自死」に至ることはなかったかもしれない。「学校いじめ」で注目すべきはエスカレートしやすいという特徴であり，最初の段階で介入できるかどうかが解決を左右する。「初期対応」（初動）が大切と言われるゆえんである。

　被害者は，苦しいとか，悲しい，つらい，いやだ，との意思を示すSOSサイン（あるいは単に「サイン」）を何らかの形で発しているのが常である。もちろん，青年前期の特質で，弱みに気づかれたくない，といった態度を示すかもしれないが，それでもどこかでSOSサインを発しているはずである。

　一口に「サイン」と言っても，すぐにキャッチできる「明示的サイン」と，隠れているから探っていかないとキャッチしにくい「黙示的サイン」がある。ではどうやってそれらのサインを受信できるか。最近では学校での定期アンケート実施や，配布された学校タブレットで回答する方法が普及してきている。紙アンケートよりもタブレットの方が「黙示的サイン」まで細かく把握できるかもしれない。学校全体でSOSサインを客観的に即座に把握することが可能とはなったが，そうしたアンケートではつかみきれない「黙示的サイン」もあるはずである。

　しかも問題は，密かに発信されていたとしても，周囲がそれを的確に受信できているかどうかである。「最近いじめられましたか」などとストレートに質問しても確実な回答が返ってくるとは限らない。児童生徒はどう答えたら良いか判断に迷うとか，自分の弱みを知られたくないという独特の青年心理から，被害経験を返答しないことなどが考えられる

からである。むしろ「最近つらく，苦しい気分になったことがあります
か」と周辺から接近した方が現実を摑めるのではないか。

　それに，アンケート票であれタブレット回答であれ，最後にはデータ
を担当教員が集計して分析するわけだから，その作業をどれだけ丁寧に
おこなうかということこそ重要である。せっかくアンケートを取りなが
ら，後はズサンな管理で大問題となったケースが過去にあった（大津市
【事案４】参照）。つまり，ただアンケートを実施すればいじめ対策をし
ているかのような形式主義に陥り，当該学校が制定している体系的な「い
じめ防止基本方針」に織り込まれた具体的な措置となっていなかったこ
とを物語る。

　最終的には，教員全員が児童生徒や保護者などの協力を得ながら学校
全体として，細かなSOSサインまでも見逃さない姿勢を確立すること
が「自死」という最悪のケースを回避する方策だと言える。

　以上のように，「自死」は「学校いじめ」を総合的に検討すべき重い
事例として提起される。そこで本書では，「学校いじめ」を解明するた
めに七つの「自死」事案を掲げた。

　個別の事案をあえて掲げる理由は以下のようである。

　第１に個別の具体的な事案に密着すること無しに，「学校いじめ」の
現実の仕組みを理解することはできない。

　第２に「自死」の事案なら余計に「学校いじめ」の新たな問題局面を
明るみに出すことができる。

　第３に「自死」事案後に，学校や自治体そして国のいじめ対策と予防
が強化される措置が取られており，それらを検討することができる。

　第４に「自死」事案の多くは新聞記事やテレビ番組をはじめ，それら
の内容がドキュメントとして書かれて出版されるケースが多く，そうし
た諸資料を通して事実をありのままに追跡することができる。

　第５に何よりも，かけがえのない命が失なわれるという大きな犠牲か

ら，私たちは真摯に学ぶ責務がある。

「いじめと自死」に関する米国の総合的研究

　いじめによる自死はあまりにも衝撃的な事案なので，日本では自死に至った青少年については，個人の実名が呼ばれたりして全国的に大きな話題になってきた。しかし，どうしたわけか「いじめと自死」が多方面から検討すべき重要なテーマとして正面から議論の対象になるのは避けられがちであった。民事裁判になるケースを別にすれば，「人権を侵害するいじめは撲滅！」といったスローガンを一足飛びに結論として叫んでは，そこで止まってしまいがちであった。あるいは，不十分な調査のまま，いじめと自死に因果関係はない，と学校側が早々と判断して組織としての責任逃れに汲々とするといった流れが続いてきた。

　つまり，学校が自死を感情的に受け止めて動揺してしまうためか，また校長や教育長による連日の記者会見やマスメディアによる取材，全校集会，保護者説明会に追われるためか，経緯を客観的に冷静に振り返る余裕すらないという事態が繰り返されてきた。こうして「学校危機管理」に取組む問題意識が弱く，危機管理の組織構築と組織運営に全力をあげる構えも見られないケースがこれまで多かったように感じられる。

　社会問題化35年間に繰り返し生じてきた「いじめ自死」では，校長は緊急の全校集会で次のような話をしたとマスメディアでは報じられてきた。もちろん，各事案によって細部は異なるとしても，おおよその趣旨はほぼ同じような内容である。「悲しい報告をしなければなりません…皆さん，いのちは大切にしてください。いじめが原因では，という声も耳にしていますが，いじめは無かったと信じています。もしそんな事実があれば，いじめは絶対にあってはならないことです…」。

　校長の後は，各クラスでも担任教員が補足して話したであろうが，内容はそれほど違っていないだろう。そうした話に欠落しているのは，「ど

うすればいのちを大切にできるのか」，「絶対にあってはならないいじめがなぜ，どのように起こったのか，なぜ未然に防げなかったのか」という点である。それらを調査で明らかにして，個人情報を除く諸事実を児童生徒と保護者に誠実に伝えない限り，「学校いじめ」を克服することはできないだろう。

　日本でそのような一部の現実がある一方で，米国では全米各地の 50 人以上の専門を異にする研究者が協同して「いじめと自死」についての総合的研究をおこなって，その成果を『青年の自死といじめ』と題して，オックスフォード大学出版局から 2015 年に刊行している。日本にとって啓発的な内容だと感じるので，私なりに読み取った主要な点に絞って紹介したい[6]。

　ⓐ　「いじめ」と「自死」の関係は単純ではない。「いじめ」が常に「自死」を引き起こすわけではなく，それぞれ別個に研究されてきた。しかし，深刻な学校問題があったり，家庭内で虐待や精神的抑うつなどを伴って傷つきやすくなっていると，「いじめ犠牲者 victim」は「自死」と結びつきやすくなる。そこで両者を包括的に捉えることが要請される。

　ⓑ　「いじめと自死」はより巨視的な「安全 safety と健康 health」という上位目標の下で検討されるべきである。そして，個々の事案の背景にある世代別・性別・民族別の文化の多様性の関係を科学的に検証しつつ，社会全体でその上位目標を達成するために幅広く，政治的なレベルにも至るようなキャンペーンの展開が求められる。

　ⓒ　実証的な調査によると，「いじめ加害者 bully」は他の一般的な仲間と比べて心の健康に問題があったり，学校適応や学校での学習成果を上げることに弱く，身体的にも問題を抱えているという特徴がある。

　ⓓ　そこで，「いじめ」と「自死」を予防する観点からすれば，学校が常に児童生徒の支援に力を入れるような風土の形成や，社会的サポート，学校を取り巻く種々の組織の連携化，そして各種の介入プログラム

が「いじめ」と「自死」のいずれにも共通して適用される。さらに，地域社会全体の「健康」に関する諸政策も両者の発生を減少させるだろう。

ⓔ　表紙の次の最初の頁には「献辞」が記されている－「本書は，いじめられると恐れているすべての子どもたち，そしてかれらが生き延びるのを手助けする介入を遂げたすべての人々に捧げられる」と。

以上のように列記した５点は，あくまで米国の現実に基づく研究からの抜き書きであるから，そのまま日本に当てはめられるわけではないにしても，教えられる諸点が次のように浮かび上がる。

(1)　日本では，自死は予期しない例外的な結果であると受け止められがちである。あるいは学校や教育員会によって，自死はいじめと無関係だと結論づけられがちである。このように，「いじめ」と「自死」を関係づけて包括的に捉える発想法が弱いのではないか。

(2)　いじめ問題はあくまでいじめだけに絞り込んだもので，上位概念である「安全と健康」という広い捉え方はあまり念頭に置かないのではないか。学校事故や校内暴力なども含み込む「安全」や，学業不振や不登校，学校不適応などに伴う心身の「健康」は，「いじめと自死」を解明して予防するためにも大きな力を与えてくれるのではないか。その力の具体化こそ，ⓓで述べられた「学校が常に児童生徒の支援に力を入れる風土の形成や，社会的サポート，学校を取り巻く種々の組織の連携化，そして各種の介入プログラム」になるだろう。

(3)　さらにⓓの最後にある「地域社会全体の『健康』に関する諸政策」は，地域社会全体に課せられた心身および人間関係すべての側面に関わる「健康」を強調する目標として重要である。「健康」が地域社会全体に開放された価値として，医学的な身体だけでなく，青少年の心理面や対人関係面にも及ぶものとして理解されているからである。

日本でも地域の「健康」にとっては，関連する専門家や専門諸機関は公的・民間合わせて多様に存在する。精神医学・精神保健福祉・臨床心理・

非行防止・児童相談・自殺予防などである。ただし，日本ではこの「健康」に関して幅広い捉え方ではなく，身体の健康という側面に限定されがちで，閉ざされた価値に矮小化されていないだろうか。そのことが，「いじめと自死」の克服にとって，対処力や予防力を弱めていないか，と改めて考えさせられるのである。

　(4)　米国の共同研究書の「献辞」は，いじめられる恐れを感じている子どもたちと，その恐れからかれらを救う支援を果たした関係者に向けられている。私が自死の個別事案を取上げる理由として，「かけがえのない命が失なわれるという大きな犠牲から，私たちは真摯に学ぶ責務がある」と述べたのは，過去の痛ましい経験から何を学べるかという趣旨であった。すると，この「献辞」との間に方向性の違いがあるかもしれない。「献辞」の方向性の方が，時間的にも，また支援関係ネットワークの広がりからしても，開放的で前向きで，積極的であるように感じられる。さらに細かく比較すると，以下の2点において違いが見られる。

　第1に私の関心は「過去」に生じた事案の状況の解明にあるのに対して，「献辞」はあくまで「現在」さらに「未来」を見据えた状況を探究しようとしている。第2に私は自死に至った「青少年」とその経緯に注目するのに対して，「献辞」は「いじめと自死」を克服した「周囲の援助者や介入者」の取組みに注目している。そこで，私も開放的で前向きで，積極的な姿勢で対峙できるように努めたい。

4　「学校いじめ」の危機管理

「学校『安全』」の意味と適用範囲

　これまで学校の「安全」という表現を使ってきた。それは危機管理にとって基礎となる考え方だと判断するからである。ただし，いじめが「学

校安全」にとって支障があるという言い方は，日本語としてやや馴染みにくいかもしれないので，用語法の背景について補足説明しておこう。

　英語の「安全safe」は実に多くの問題を対象にしている。暴力・器物損壊・銃乱射・薬物・自然災害などから安全な状態を指し，いじめもそれらに含まれる。身体的な被害だけでなく精神的な被害も総合する広い概念が「安全」である。

　これに対して，日本語の「安全」は主に身体的な側面を指し，保健・事故・災害などを意味し，精神的な被害はあまり対象にならず，いじめを含める発想は学校現場ではそれほど見られない。それは，「学校保健安全法」が影響しているかもしれない。この法律は，最初は「学校保健法」（1958年）だったのが「学校保健安全法」（2009年）として改正された。「学校保健」に「学校安全」が追加されて，安全管理に関する条項が増えた。改正法「第三章　学校安全」の第26条は次の通りである。

　　第三章　学校安全（学校安全に関する学校の設置者の責務）
　　第26条　学校の設置者は，児童生徒等の安全の確保を図るため，その設置する学校において，事故，加害行為，災害等（以下この条及び第29条第3項において「事故等」という。）により児童生徒等に生ずる危険を防止し，及び事故等により児童生徒等に危険又は危害が現に生じた場合（同条第1項及び第2項において「危険等発生時」という。）において適切に対処することができるよう，当該学校の施設及び設備並びに管理運営体制の整備充実その他の必要な措置を講ずるよう努めるものとする。

　この条文のうち「加害行為」の具体例を考えると，条文全体では「危険等発生時」となっているので，おそらく外部から学校への不審者侵入（2001年の大阪教育大学附属池田小学校事件など）が想定されてはいて

も，いじめはあまり対象として含まれていないようである。なぜなら対策として「施設及び設備並びに管理運営体制の整備」が挙げられているからである。したがって，無視とかいたずら，悪口などを含むいじめがどれだけ重い被害を与えるとしても，「学校安全」が扱うケースとしてはあまり考えられてはいないと「学校保健安全法」から気づかされる。

　ただしその一方で，1980年代後半から今日まで，多くの「いじめ（民事）裁判」が開かれてきたなかで，いじめによる加害－被害の事実が認定された場合に，判決文では「学校安全配慮義務に違反する」と学校の責任が追及されるケースがしばしばある[7]。その場合の「安全配慮義務」とは何を意味するか。法的論拠としては，もっぱら「労働契約法」あるいは「労働安全衛生法」の援用が考えられる。つまり，従業員に対する会社の義務が定められ，職場において従業員の安全と健康を守る責任があり，その主張が学校においても児童生徒が安全に過ごせるように配慮する責任に援用されているようである。

　「学校保健安全法」を検討しても，「労働契約法」や「労働安全衛生法」を眺めてみても，いずれも「学校いじめ」を正面切って扱っているわけではない。それだけに，学校現場では「安全」という発想がいじめ問題を含み込んではいないという点で，英語の用語法とは異なる。その結果，いじめについては「いじめ防止対策推進法」を独立して制定せざるをえなくなったのだろうか。

　確かに，この法律はそれだけいじめ問題を重視している表われではあるが，問題を絞り込んだがゆえに，逆に問題の捉え方が狭くなり，克服方法の検討も硬直したものにならないだろうか，という疑問が残る。そこで本書では，広い意味を持つ「安全」を真っ先に掲げる英語表現に従い，いじめは「学校安全」にとっての支障と位置づける。そこで，いじめの対処であれ未然防止であれ，「安全」がキーワードであるという見解を採りたい[8]。

危機管理

いじめ問題と言えば「早期発見・早期克服」が何よりも重要だと繰り返し言われてきた。実はこの文言には危機管理上の重要な意味が込められていると考えるので，まず再確認しておきたい。

第1に「学校いじめ」の特徴であるエスカレートしやすい傾向に歯止めをかけるためである。

第2に事態が複雑にならない初期のうちに状況を調べると解明しやすいためである。

第3にいじめ問題に学校が正面から取組んでいることを関係者に知らせて再発を抑止するためである。

第4に早期発見こそ早期克服の筋道をつけられるためである。

つまり，「早期発見・早期克服」はいじめ問題の危機管理の手法を手短に述べた文言だと言える。そこで，改めて「危機管理」の観点からいじめ問題について整理しておきたい。「学校いじめ」はいじめ問題に絞られるのではなく，他方では広く学校組織のあり方として，「危機管理」が問われている重要な課題であることが，法制化の10年でいっそう明らかになったからである。

近年，大企業や官公庁，病院などで基本的な組織目標になっている「危機管理」について一般的な事項を述べておこう。学校組織は未だ「危機管理」ということばに慣れていないし，その発想法や具体的な管理手順に関して詳しく知ろうとする姿勢が見られないからである。

おそらく，学校とは安全であり，子どもたちが安心して過ごす場であるという「理想」が強すぎて，実は危険に襲われることがあるという「現実」の姿を直視する姿勢が弱いからだろう。もちろん，そんな弱い姿勢で「学校いじめ」は解決できない。

大企業や官公庁，病院などで不祥事と呼ばれるような問題が生じたと

き，伏せておいて知られないようにする組織防衛的反応が過去には強かった。しかしいずれは知られるときが来てしまい，当該組織への批判がいっそう高まり，社会の不信感が強まるだけとなる。そこで，問題が生じたことを公に明らかにして謝罪し，その問題が如何なるもので，なぜ生じたか，二度と繰り返さないようにするにはどうするかについて，十分に調査し検討して公表することが信頼性を回復する近道である，と理解するようになって，積極的に取組まれるようになったのが「危機管理」である。

　先ず「危機管理」に関する用語の整理をしておこう。「危機 crisis」とは大雑把に言えば「秩序の動揺」である。安定した日常のなかに急に非日常の事態が生じると，その組織は動揺する。混乱を避けようとして，組織が安定の回復を求めて意図的に取組むのが「危機管理 crisis management」である。発生する非日常の具体的な事態が「危ない状態」であり，「危険 danger」と言われ，目に見える明確な対象である。ただし，組織が直面する危なさの程度は，軽いものから重いものまで多様である。この多様性を大きく「リスク」と「クライシス」の二つに分けて考察するのが通例である。

　(1)　「リスク risk」とは，利益を望みながら被るかもしれない可能性・確率としての危害や損失を意味する。具体的に見える実態としての「危険」とは異なり，リスクは割合で示す。学校で言えば，楽しく学んで知識・技術を増やし，友人と交流できる場であるが，学校事故や不登校，いじめ事件が思いがけず生じる可能性・確率を否定できない。

　そうしたリスクを学校は日常的に帯びており，リスク発現の可能性がさまざまな学校環境条件によって高くなったり，低くなったりする。そこで，「リスクの未然予防管理」が日常的に重要な課題となる。

　(2)　「クライシス crisis」とは，具体的な実態としての「危険」に近いが，危なさの程度が極めて重いケースである。「いじめ自死」はその典

29

型と言ってよい。事件に関する連日の新聞やテレビの報道，校長や教育委員会の記者発表，複数回の保護者説明会，警察の捜査，被害者遺族の裁判所提訴，カウンセラーによる児童生徒の心のケア，被害者遺族の裁判所提訴，などに追われる。学校組織を根底から大きく揺るがす，これだけの非日常的な事態も無いだろう。

　社会問題化35年のなかで，全国で同種の事態が繰り返されてきたが，当該学校や教育委員会は，こうした「クライシス管理」に慣れておらず，大混乱に陥らざるをえなかった。管理上の不備として気づくのは，経緯の記録を採る，記者発表では判明したこととまだ判明していないことを区分した一貫性ある説明をおこなう，そして調査諸資料の整理と管理，保護者への説明会の早期開催，保護者遺族への細かな情報開示を通じた信頼感の保持，などである。

　日頃から学校全体を通じていじめSOSサインの受信に努め，いじめの小さな芽に気づけば，各学校に設置されている「いじめ防止委員会」を中心にして実態を調べて解消の手立てを講じ，エスカレートしないような措置をおこなう…これが標準的な「リスク管理」である。

　もしも，「重大事態」が疑われるようなことがあれば，「いじめ防止委員会」メンバーから選抜された駆動力ある校内調査委員会を組織して，早急に実態を調べる。この「初期対応」の取組みこそ解決を容易にする。調査結果の必要部分（個人情報は除き）をその都度関係者に伝えながら，学校との信頼関係を保持していく…これが標準的な「クライシス管理」の大まかな過程である。

　こうして，いじめ問題への取組みは，「リスク管理」と「クライシス管理」を総合する「スクール・マネジメント」にほかならない。一般に「学校経営」と呼ばれるが，その用語はもっぱら日常の学校業務の経営を指している。非日常の危機管理を含むときには，カタカナ書きで「スクール・マネジメント」と表現した方が強調できる。危機管理への基本方針を提

起して，危機管理の意識の明確化と管理運営組織体制が整備できていない場合に生じやすいのが「隠蔽」である。つまり「危機管理」と「隠蔽」は互いに相対する対照語の関係とも言えよう。

隠蔽・説明責任・危機管理

　組織の「危機管理」に関して，不祥事のような問題が生じた組織が常に批判されてきたのが「隠蔽」である。不都合な事実を外部に隠すことで組織防衛を図ろうとする，組織悪ともいうべき現象である。しかし，「隠蔽」はその組織に対する社会の信頼を失い，結局は組織の自己防衛に失敗してしまう。そこですでに述べたように，近年では問題の経緯を明らかにして原因究明に努め，再発予防を公表して「説明責任accountability」を果たすことで信頼回復を得る方策が組織の「危機管理」として採られるようになっている。

　では「学校いじめ」の危機管理ではどうか。これまで大企業をはじめとして批判されてきた「隠蔽」とは少し性格が異なるように感じられる。社会問題化の35年間には，いじめは即刻否定すべき，「いじめ認知」件数は少ない方が良い，「いじめの仕組みの時代的変化や…否定の結論に至るまでに…多角的に検討する過程」は眼に入れない，という無意識的な向き合い方があった。「いじめは悪」という結論が最初からあるので，いじめで「自死」を含め何らかの深刻な事態が出たとしても，事態の経過を詳細に辿る文書資料や証言の記録について学校側はそれほど重要視して管理してこなかったように感じられるからである。

　被害者側から経過を示す資料を提出してほしい，と懇願されても「ありません」とか「出せません」という回答しか出てこなかったり，全体の経過が分からない部分的な資料だけ開示されるというケースが多かった。そうした状況が「隠蔽」と批判されてきた。

　しかし，「隠蔽」というのは，隠そうとする事実を示す資料があって，

あえてそれを意図的に隠す行為を指すものだとすれば，「学校いじめ」では隠すべき事実が十分に調査されておらず，資料も保管されなくて，経緯も曖昧で明確ではないから，報告できない，伝えられないというケースが多かったのではないだろうか。それは，いわば「隠蔽」以前の状況だと言ってよい。

　学校は文科省を頂点とした文教行政制度の末端に位置づき，各教育委員会の指導の下に置かれる組織ではあるが，各学校の独自性はある程度認められているだけに，企業のような統一性のとれた堅固な組織性とは異なる。したがって，企業と同じように学校が組織悪を帯びるとは断言しにくい。

　とはいえ，学校運営の安全・安心が図られて，地域の保護者や住民の支援がないと学校組織は成り立たない。そこで「いじめは悪」という結論に至るまでに多角的に検討する過程を大事にして，求められればいつでも必要な「情報開示」ができるように「説明責任」を果たすことができる「リスク管理」と「クライシス管理」を総合する「スクール・マネジメント」に努めることが新たに要請される。その要請を法的に示唆しているのが「防止対策法」である。

　なお，本書で使用する二つの用語について，最初にお断りしておきたい。一つは「いじめ」「いじめ問題」と「学校いじめ」の使い方であり，もう一つは「教育委員会」の使い方である。

　(1)　一般的な「いじめ」「いじめ問題」という問題全体を示す慣用表現も使うが，厳密に考えると，実は漠然として曖昧な意味合いである。そこで，学校でのいじめという問題に限って強調する場合に「学校いじめ」という用語を使用する。

　(2)　通常は「教育委員会」とだけ短く表記されるが，それは地方公共団体の長が議会の同意を得て任命する教育長（常勤）と，同様に任命される教育委員（非常勤）から構成される組織を指す。その運営事務を処

理するために「事務局」が置かれる。教育長が事務を統括する事務局は，学校教員で将来は教頭や校長に昇進する可能性がある指導主事数名と，他部局から派遣される事務職員数名から構成される。いじめ問題でしばしば取り上げられる「教育委員会」は，実は「教育委員会事務局」を指していることが多い。

　教育委員会は本来から言えば首長部局から独立して，市長や知事の政治力が及ばないように，その自律性を保障される制度である。ただし，「学校いじめ」問題で言えば，緊急に意思判断を迫られるようなとき，常勤の教育長が判断して，教育委員への情報提供や教育委員会の招集をおこなったりするから，教育委員会事務局を代表する役割を取りやすく，学校組織の都合を優先させるような見解を打ち出すことがある。教員出身の教育長の場合はなおさらである。それに対して被害者側の保護者が教育長の見解への批判を強める場合には，市長や知事が教育委員会とは別に第三者調査委員会の設置に乗り出すケースもある（大津市【事案４】・旭川市【事案７】参照）。

　本書は第１〜４章から成る。「学校いじめ」の種々の局面を露わにしていった個別の七つの事案を各章で取り上げる。

　第１章では，昔から子どもの世界では日常的だった「いじめる習俗」が，どのような社会環境の変化のなかで「学校いじめ」に取って変わっていったのか，「学校いじめ」の特徴は何か，世界の動向にも目を向けながら，基本的知識を再確認する。

　第２章では，一口に「いじめ」といっても，人々の理解の仕方は多様である。その多様さが錯綜して，いじめ認知や「重大事態」認定を左右している現実があるなら，多様性を検証することが必要なのに，この点についての議論がほとんど無いので，問題解決が進んでいかない部分があることを追究した。

以上のように，第1〜2章では「防止対策法」が制定されるまでの背景について述べる。この背景を押えないと，「防止対策法」とその下での経過を正しく理解することはできないだろう。

　第3章では，「防止対策法」の制定の背景をはじめ，法律の内容の特徴，法律の効果と限界について，各学校のいじめ事案に照らし合わせながら論じる。さらに一歩を進めて，同法の構成を「学校危機管理」の視点から再検討する。企業組織では根付きつつある「危機管理」を学校ではまだ理解されていないことが，いじめ問題解決に向かう混乱を生じさせていると思われるからである。

　第4章では，法制化がいじめの解決に寄与できている側面（「光」）と，なお解決の障害になっている側面（「影」）について述べ，さらに「影」を「光」に転換する方策について，学校危機管理の過程に沿って提言する。それは法律の枠組みを超えた，学校組織改善の方策となる。各学校に設置されている「いじめ防止委員会」（「いじめ防止対策委員会」など名称は多様）の日常的活動を強化し，当該学校の全教職員が参画できる開放性と協働性を確立すれば，いじめの少しの兆候でも「初期対応」（初動）の起動力を発揮することができる。

　各章での検討を通して，法制化の段階で浮かび上がった基本的な論点を要約すると＜法律の原理＞と＜教育の原理＞をどのように調整していくかという新たな課題である。事態が大きくなってからでは「事件対処型」発想法に陥りやすいから，日ごろから「教育対応型」発想法を心がける重要性について論じていこう。

　「防止対策法」制定10年の区切りとなった2023年には，法律の効果が見られるか否かについて，各種メディアでさまざまな評価が出されたが，当然ながら＜法律の原理＞に沿った論評が多かった。なかでも「学校だけではいじめを把握できず，弁護士やカウンセラーなど学校外の専門家に委ねるしかない」との厳しい見解まで登場した（「朝日新聞」20

23年9月27日付「いじめ認知　学校だけでは」など）。しかし，学校組織に対して早々と下す消極的評価は，学校組織の弱体化に繋がるのではと，私は危惧する。学校組織でなお実現可能な＜教育の原理＞による諸対応策を見落としてはならないと考える。

　本書は，45年に及ぶいじめ社会問題を改めて振り返りながら，問題解決に向けて＜教育の原理＞による可能性を再検討しようという主張である。それが「防止対策法」の「影」を「光」に転換する契機となるだろう。第4章の最後に，「いじめ」という言葉が問題解明と解決にとって相応しいかどうかについてあえて検討するのも，＜教育の原理＞に拘るからである。

第1章

「いじめる習俗」から「学校いじめ」へ

―社会問題化した 35 年の視点から―

1　1970 年代の社会環境の変化と子どもの世界

伝統的な「いじめる習俗」

　もともと 1970 年代前半までの子どものいじめは，大人たちから離れた地域の遊び仲間のなかで昔から日常的に見られるありふれた現象で，教育・社会問題とは見られなかった。

　私自身の個人的経験を具体的に記すと分かりやすいかもしれない。1950 年代半ばに小学 5 年生だった頃，自宅近所でいつも放課後に集って遊ぶ 5 人ほどの男子仲間がいた。仲間のリーダー，つまりガキ大将役は中学 1 年生で，他は小学 5 〜 6 年生，最年少は 4 年生と，いわゆる異年齢のタテ型集団である。遊びは，近所に広がる水田でのメダカやザリガニ採り，畑の作業小屋の探検，材木置き場に秘密基地をつくるなど，さまざまだった。

　最年少の 4 年生はおとなしくてそれほど活発ではなかったせいか，いじめられることがあり，ときどき泣いていた。私はいじめには加わらないで傍らで見ているだけだったが，その時はいじめだという認識はなく，今から振り返ってみると，あれはいじめだったと判断できる。あそ

び半分のからかいや暴言，強要，仲間外しなどの類いだったと記憶するが，ガキ大将は年長者なりにある程度ブレーキをかけていたように記憶する。皆から圧迫されることが続いたためか，その4年生はそのうち仲間に入ってこなくなり，その子に対するいじめもそれで止まった。

こうした伝統的ないじめを子ども仲間の「習俗」と名づけておこう。私の個人的経験からだけでも，「いじめる習俗」のいくつかの一般的な特徴をa）として三つ指摘できる。「学校いじめ」の特徴をb）として後で比較してみたい。

a−1）　「いじめる習俗」の舞台は近隣仲間集団であり，数人から成る異年齢構成で，メンバーは出入りがあって確定しておらず，人数が増減する不定形な小規模な集団である。

a−2）　タテ型集団なので年長者のガキ大将役がいて，さまざまな遊びを牽引するが，メンバーを守る役目も負っている。守らないと年少者からリーダーとは見なされにくいからだろう。

a−3）　いじめが生じても，小規模なままであり，エスカレートすることは少なく，そのうち止まってしまう。被害者は仲間から抜け出すからである。

このような基本的な性格を持つ「いじめる習俗」に対して，1970年代後半からは学校でのいじめが登場してくる。そして，いじめ自死が立て続けに生じて「社会問題化」していく。したがって，この社会問題を一般に「いじめ」と平仮名3文字で簡単に称するのは厳密な表現ではなく，「学校いじめ」と呼ぶのが正確である。

ただ，この平仮名3文字の新語表現は誰もが容易に口にしやすいだけに，問題対象が拡散して曖昧性を帯びやすくなり，事態の理解や対処法に混乱を生じさせることになる。混乱ぶりは後で詳しく整理するが，「防止対策法」の施行までの35年間には，年長者の間では「いじめ」と聞くと，過去の遊び仲間での伝統的な「いじめる」行為を想定することが多かっ

た。そこで，つい「たかが子どものいじめではないか，日常茶飯事の些末な出来事で，大したことは無い」といった反応に走ってしまう。

社会環境の変化と「学校いじめ」

いじめ行為の主な舞台が地域の仲間集団から学校の場に移った理由としては，1960年代の高度経済成長を経て，1970〜80年代に社会環境が大きく変化したことに注目したい。大きな変化として二つ指摘できる。

（1）まず都市化とモータリゼーションである。事業所や店舗，住宅が増えて，水田地帯が無くなり，街が発展していく。都市化に伴い，地域から原っぱや空き地なども姿を消し，自動車の普及が急速に進んで，裏通りでさえ車の往来で危なくなって，子どもが自由に遊べる場所が減少した。1950年代半ばに私が近所の仲間と遊んだ格好の場もすべて消えてしまった。自由に活動した道でさえも，1980年代を通じて車が頻繁に行き来するようになって，危ない空間となった。こうして，仮に仲間が集うとしても場所が無いことで，仲間が作られにくくなってしまう。これが「町から子どもの群れが消えてしまった」と言われるようになった主な背景である。

ただし，2000年代以降になって，ケータイ電話に続くスマートフォン（以下「スマホ」）の普及で，仲間はインターネット（以下「ネット」）上で交流するようになる。しかし，声だけや，短い文字文章，絵文字による交流は，直接対面関係の仲間集団とは性質を異にする。新たに出現した「ネットいじめ」については，第4章で取り上げる。

（2）もう一つの変化は進学率の上昇である。高校進学は当たり前になり，専門学校や短大，大学への進学率も上昇していく。進学のための受験勉強が青少年の生活の中で大きな位置を占めるようになる。学校を補うような塾や予備校，家庭教師による勉強が日常化していく。家庭での話題も学校の成績や進学，受験のことが多数を占めるようになる。

　こうして 1970 〜 80 年代に(1)と(2)の変化によって，小・中学生の生活の場が大きな変化を遂げる。分かりやすく整理すると，1950 〜 60 年代までの暮らしの場は，①家庭，②学校，③地域仲間の三つに及ぶ多様な空間であったのが，1970 〜 80 年代以降は，①家庭，②学校の二つに限定されてしまった。しかも①家庭は個々に特徴のある独特の場であったのが，②学校に関わる話題が各家庭に共通するようになって，小・中学生の生活のなかでは，②学校の占める位置が極めて大きな部分を占めていく。このような変化のなかで，「いじめる習俗」は「学校いじめ」に移行していったと考えられる。

　それでは「いじめる習俗」と「学校いじめ」とはどう違うのか。一口で言えば，前者は自然消滅しやすいのに対して，後者はエスカレートする場合があって被害の程度が深刻になりやすいという相違である。その原因は集団の仕組みにある。a)「いじめる習俗」の特徴と照らし合わせながら，ごく大雑把に b)「学校いじめ」の集団の仕組みとして三点を整理してみたい。

　b − 1)　「学校いじめ」の舞台は同クラスないし同学年という定型的集団である。「習俗いじめ」の近隣仲間よりも人数が多い。いじめ行為者たちを取り巻いてはやしたてる者がいて，さらに周辺には見て見ぬふりをする傍観者がいるからなおさら規模が大きい。

　b − 2)　同年齢集団なので，ガキ大将役のような力のあるリーダーがいて，仲間をコントロールするような集団構成ではない。

　b − 3)　いじめが生じて辛抱できなくなっても，少なくとも 1 年間はクラスや学年から抜け出すことはできず（転校措置が取られる場合もあるが，手続きが容易ではない），誰かがストップをかけないかぎりエスカレートする危険性が大きい。

　以上のように，a)「いじめる習俗」と b)「学校いじめ」とは性質を異にする。したがって繰り返しになるが，単なる「いじめ」ではなく，

あくまで「学校いじめ」として厳密に把握しないとその実態を把握するにしても，対策や予防を検討するにしても混乱してしまう。序章で説明した通り，「学校いじめ」は英語で school bullying または bullying in(at) schools と表現されるように，school が付く点に留意したい。

2 「学校いじめ」に関する世界の動向

中国の「学校いじめ」

世界では 1970 年代初頭にすでに北欧の国々で「学校いじめ」が深刻な社会問題となっていたが，そうした世界での事案発生の動向に無関心なままであった日本では，1980 年代から立て続けにいじめ自死を受けて，見落とせない深刻な問題として受け止めるようになる。英国や米国でも同じ 1980 年代から「学校いじめ」が注目されるようになった。世界の国々で，従来は子ども世界の小さな出来事として無視してきたのが，そうはしておれないと，大人たちや研究者たちが眼を向け始めたという経緯は各国共通であると言える。

そして 1990 年代以降になると，アジアでも同様に「学校いじめ」が論議されるようになる。アジアでの事例の一つについて，私の経験を紹介したい。その経験とは，まったく思いがけずに中国の「学校いじめ」問題に向き合ったことである。

2016 年の夏に，社会人を対象とした高等教育に関する実地調査で私は中国の沿岸地域に 1 週間滞在した。時期的には日本で「防止対策法」が制定されてから 3 年経た時期であったが，中国ではいじめが社会問題化しつつある段階だということが後から分かった。滞在をサポートしてくれた地元の外国語大学で日本語を専攻する 3 年女子学生の二人が，ホテルに案内してくれた際に，突然私に質問してきた。二人の質問を合

わせると次のようになる。

　　中国の学校では特に都市部を中心にいじめが増えています。ただ
　し，新しく関心が向けられたテーマなので，国内での学術研究はそ
　れほど進んでいません。そこで，海外の研究者から情報を得るのが
　早道です。実は私たちは今，中国のいじめ問題について卒業論文を
　準備中です。卒業論文で扱う例もこれまでほとんど無いので，日本
　のいじめ問題の実情とその研究の進展について教えてください。

　中国の学校では生活秩序が整然と成り立っていると想像していただけ
に，「いじめが増えて」いることや，それを「卒業論文」で取り上げる
までに至っていることを，中国人大学生から直接に聞いたのは初めてで，
最初は驚き戸惑った。ただ，1990年代からアジアでもいじめ問題が広
がっているという世界の動向を把握していたから，アジアの大国である
中国のいじめ問題について，実地に知る貴重な機会になると感じた。そ
れに，日本の動向を伝えることくらいなら，と判断し，ホテルのロビー
で話し合うことにした。昼休みに1時間ほどの話し合いを2日間おこ
なった。

　日本のいじめの実態として，私はいじめ認知件数を中心に話した。小
学校高学年から中学校にかけて多く，認知は教員の主観的判断が入るの
で，単なるからかいや悪口，ケンカなどと区別をつけるのが難しい面も
ある。今では各学校が「いじめ防止基本方針」を掲げているから，その
方針に従って，校内に設置されたいじめ防止委員会で組織としていじめ
事案を検討するように努めている。教員による認知だけでなく，児童生
徒に対するアンケートで細かく調べる方法も広がっている。

　それでも，なかにはいじめ自死のケースが生じており，深刻な「重大
事態」の一つとして，法律で対処法や予防法が取り決められたばかりで

ある。法律の内容も含めて，いじめ対策や予防指導について，教員研修で知識・技術・態度の向上を図っている，など。

　以上のような私の話を，二人の学生は一生懸命ノートを取りながら聞いていたが，すべてが新しい情報だと受け止めたようである。一つだけ互いの会話で盛り上がったのは，両国の青少年に普及したスマホの使用に伴って，両国共に「ネットいじめ」が多くなっており，周囲からは気づかれにくいので厄介であるという問題であった。明らかに相手を誹謗するようなメールは言うまでもないが，ごく気軽に短いメールを送っても，それが相手を傷つけてしまうことがあり，ネット上のやり取りのルールやマナーを身につけることが，いじめ予防はもちろん，基本的な教育としても求められる，という点で学生たちと意見が一致した。

　帰国してから，中国ではすでに2000年代に入ってからいじめに関するいくつかの調査研究が発表されていることを知った。そのうちの一つである華東師範大学の研究者による「中国の学校における『いじめ』対策」と題された論文を読むと，興味深く感じた知見がいくつかあったので，五点を抜き出そう[1]。

① 　中国では，いじめは子どもの成長過程の一部分だと考えられるほどで，調査研究をする必要は無いと思われてきた。研究の関心を呼ぶようになったのはごく最近である。

② 　都市部の学校は1学年に250人程と規模が大きいので，児童生徒間でことばのいじめや身体的いじめが生じやすい傾向にある。

③ 　いじめが被害者に与える影響として，不登校や学業不振，心理的な抑鬱状況などをもたらす。

④ 　いじめ加害者は社会的技能の発達にとって，さまざまな問題を抱えている。悪意からというよりも，ただ自分の強さを見せつけて優越感を求めている場合もある。しかし，自分の能力や誇りを感じる経験をするなかで攻撃的な行動を放棄していく。

⑤　「反いじめ」の教育で重要なのは，中国で伝統的な考え方を生かし
　　た「思いやりの気持ちを身につける」取組みである。

　以上，いじめ研究の蓄積が少ない中国にもかかわらず，的確に指摘さ
れた五つの知見のなかで，特に重要だと感じたのは，④青年前期の発達
的課題と，⑤中国の伝統を生かしながら追求する「反いじめ」の目標で
ある。そして，これら2点に共通するのは，いじめ研究は，実態調査研
究に止まらず，いじめ問題を克服するための「実践」課題に行き着くこ
とである。

　たしかに，1990年代から2010年代までの間に集中するかのように，
いじめ研究が国際的に発展し，全世界の青少年に共通する重要な教育課
題として提起されるまでに至った。しかもそれらの研究は，実態解明は
もちろん，問題解決に向けた実践をどのように推進するかを重視すると
ころに特徴がある。

　日本国内でも4ヵ国から20ヵ国以上を対象にした国際比較研究がな
され，1990～2000年代にかけて和文で刊行されている[2]。海外の英文
の図書では5ヵ国から15ヵ国ほどまでを対象にするものがあり，1980
～2010年代まで，いじめの実態・社会背景・加害者と被害者及び両者
の関係・克服の方策などが分析されている[3]。

　せっかくそのような多くの成果が発表されているにもかかわらず，世
界の実情には眼を向けず，日本のいじめ問題の捉え直しに生かそうとも
しないなら，内向きで閉ざされた思考判断回路が依然として続いてしま
うだろう。1980年代初頭まで，海外の動向を無視してきた日本だけに，
「いじめは日本独自の現象」などと勝手に決めつける閉鎖的な発想がそ
のまま続くことは，今でも部分的にあり得るように感じられる。

　つまり，「集団主義が優勢な日本では村八分に見られるように排除が
はたらきやすい」といった俗流日本文化論はすでに無くなったとしても，
「人間性の奥深さや，青少年の発達的特徴といった根本的な人間理解の

レベルまで探究を深める基本姿勢」を確立しないまま，どこか内向きで閉じた意識のまま「いじめの撲滅」といった単純で上滑りのスローガンを掲げるだけに留まりかねない。

　それこそ「いじめの無い学校が良い学校」といった古いステレオタイプに絡めとられ，いじめ認知や「重大事態」の認定さえも避けてしまうような土壌を温存することになる。そうした土壌があると，いくら法律を定めても，法の狙いや個別の条文を理解しようとする態度は生まれず，法の効果も上がらないことになるだろう。

　2000年代に入ってすぐに『反いじめハンドブック』と題されたハンディーな一冊がニュージーランドの研究者によって書かれ，オックスフォード大学出版局から刊行された[4]。積極的に問題解決しようとする実践的で理論的な内容であり，世界の動向としても見落とせないので，第2章第4節で独立させて取り上げたい。さらに日本と比較できるはずである。

3　青年前期の発達的特徴と攻撃性

思春期と青年前期

　序章でも触れたように，また先ほどの第2節で詳しく述べたように，「学校いじめ」は世界各国に共通すると言ってよいほどの現象である。当初は大人たちがあまり問題視していなかった点でも共通する。では，政治・社会体制も異なり，文化背景も違う世界の国々で，なぜ「学校いじめ」が生じて，しかも発生する学年が小学校高学年から中学生をピークに，高校生までがほとんどを占めるという特徴的な傾向が共通して見られるのか。その原因はオルウェーズが指摘したように，青年前期の人間発達段階の特性としての「攻撃性」にあると考えることができる。

　一般に「思春期」と呼び習わすのに，本書であえて「青年前期」と表現する理由は，人間発達研究の通説に拠っている。つまり「思春期」とは，もっぱら身体的・性的な変化の側面を強調する用語である。しかし，種々の激しい社会変化を遂げるなかで，「青年期」は延長され，10歳頃から20〜30歳頃までと，極めて長い期間に及ぶようになった。その結果，青年期は子どもから大人への単なる通過点というよりも，それ自体が独立した人生段階と理解した方が適切だと考えられるようになっている[5]。

　そこで，「思春期」は「青年前期」として位置づけて，身体的・性的な側面に限らず，さらに幅広い内容の成長発達として捉え，その後に続く「青年後期」と区別するようになった。具体的に言えば，「前期」は小学校高学年から中学校を経て高校段階まで，「後期」は専門学校・短大・大学から職業人になるまでの段階というのがおおよその目安である。

　「青年後期」は，身体的・性的成長が成人の段階に至った後，心理的・対人関係的・社会的・政治的な変化を伴う段階を指す。もちろん，「前期」は徐々に「後期」に向けた変化も含まれるから，「青年（前・後）期」の激動ぶりのなかで，自分の能力評価や他者との関わり，将来の進路など，子どもから大人へ変化する際のさまざまな疑問や不安，不満の感情を生み出しやすくなるのは当然である。もちろん，そうした感情を周囲に向けてどれだけ強く表現するかどうかは，個人によって異なるだろう。

青年前期の諸特徴と攻撃性

　種々の感情を各個人がどの程度周囲にむけて実際に表現するかは別にして，改めて青年前期の諸特徴を整理しながら，攻撃性がどのように関与しているか，4点にわたって説明していこう。

　(1)　主に先進諸国に共通する生物的成長上の特徴がある。近年の急速な身体の成長に伴って，逆に心の成長とのアンバランスからくる精神的

不安定である。日本では，かつて 1980 ～ 90 年代に「ムカツク」とか「イライラする」「キレる」といった表現が若者ことばとして流行したことがあった。もともと「青年前期」に根差す不安定さから来る，持って行き場のない不安や不満，そうした感情を爆発的に吐露せざるを得ない心理を表現することば群である。ちょうど都市化・高学歴化・消費社会化・国際化・情報化といった大きな社会変化の登場の時期と重なっていたこと，そして「学校いじめ」の社会問題化の登場の時期とも重なっていたことに改めて気づかされる。

　人間一般の攻撃性について深く探究した社会心理学者のフロムは「不安」と攻撃性の関係について以下のように解読した。それは子どものいじめ問題にとっても大いに参考になる。つまり，いじめたいがためにいじめるというよりは，明確に自覚できていない感情を攻撃的に爆発させた結果，それがいじめ行為となっていた，というのが実は大方の真相ではないかと思われる。

　　不安を除く最も効果的な方法の一つは，攻撃的になることだ。人が恐怖という受身の状態を脱して襲撃を始めることができれば，恐怖の苦しさは消えてしまうのである[6]。

(2)　親からの心理的離脱と自己主張の始まりも，大人の誰もが経験した記憶があるように，青年前期の大きな特徴である。この発達的変化を具体的に示す例を二つ挙げよう。

　第 1 に親からの離脱について。私がかつて教育実習訪問指導で小学校を訪れたとき，校庭にいた 4 年生が親しげに話しかけてきたことがあった。「秘密基地を作ったよ。教えてあげようか」。真面目にごく当然のように話す様子に思わず吹き出しそうになった。矛盾しているからである。なぜなら「秘密基地」を「教え」たら「秘密基地」にはならない。しか

し，この言い方に発達の特徴が如実に示されている。子ども自身が「秘密基地」を作り出すことは心理的「離脱」の現れである。しかし，完全な「離脱」ではなく，大人に見てほしいという「依存」の気持ちが残っている。自慢したいという気分も込められているかもしれない。もしそうなら，高まる自分を評価されたいという「承認欲求」が未だに依存する大人に向けられている現われであろう。

　要するに，親からの「離脱」がようやく始まったばかりだということを示している。4年生だから，青年前期が始まりかけた時期になる。「青年前期」はまだ「依存」が大きく，少しずつ「離脱」を遂げて，「青年後期」に自立を達成するというのが標準的な筋道だと考えられるが，個人差もあり，「依存」を残したままのケースもあるだろう。「離脱」と「依存」の混乱を残したままでは，「青年後期」でのメンタルヘルス上の病理になる可能性もある。

　第2に「自己主張」について。自分の感情や考え，意思決定を実際に表現するのは成長している証拠である。ところが，親や周囲の大人には「反抗」していると映ってしまいがちである。ことばで順序よく主張することができずに，また相手の立場を考えながら理解してもらうように伝えることができないので，つまり社会的ルールがまだ体得されていないので，激しい動作で自己主張する様子が「反抗」と映りやすいのだろう。

　親や周囲の大人が，そのような「反抗」に屈してしまって，子どもの自己主張をつい受け入れてしまうとどうなるか。もちろん自己主張を許さなかったら「反抗」は強くなるかもしれない。しかし，自己主張をすべて許容してしまっても，子どもの攻撃性が出現する，という側面については，大人たちはまったくといってよいほど見落としている。この点を次のように鋭く指摘したのが精神分析家のストーであった。

　　譲り過ぎる親には，子どもたちが立ち向かうことができないし反

抗すべき権威もないし，独立しようとする内的な衝動を正当化することができない。…中略…誰も反対する人がいないと，子どもの攻撃心は内向してかれ自身に向かうようになりがちであり，そのためにかれは自分の毛を引き抜いたり，爪を嚙んだり，あるいは憂うつになり自責が過ぎるようになる[7]。

　もしかして，1980年代から今日まで40年以上の間，大人たちは許して良いはずの子どもの行動を許さず，許してはならない行動を許してきたのではなかったか。自由な遊びを勉強優先だからと細かく規制する一方で，消費社会の風潮にただ流されてしまい，子どもが欲しいものは何でも買い与えるという態度に陥ったりすることはなかったか。つまり，「青年前期」の成長にとって，ある場合には「反対」が必要なのである。その「反対」が攻撃性を適切に抑えることがあるだけに，「反対」は親の重要な態度となる。

　(3)　自己主張が始まることは，主張する自分を対象化して，自分に対する自己認識の模索を伴うようになる。自分はどのような人間か，いかなる性格なのか，周囲の仲間と比べて優れている点と劣っている点は何か，自己評価に関心が向かう。自尊の感情と劣等の感情が交錯する。

　そうした複雑な自己認識は，徐々に将来の自己像の模索へと向かっていく。学歴の長期化や労働市場の流動化という社会の変化を受けて，今の中学校・高校では「キャリア教育」を重視するようになっているからなおさらである。上級学校への進学をどうするか，就職への具体的な選択をどうするか，などの具体的な課題を前にして，疑問や不安，不満あるいは夢や希望などの感情が大きくなっていく。それは「青年後期」の段階に近づいていく心理状態である。

　(4)　親からの心理的「離脱」は，同級生など友人仲間と公的な授業の場以外でのインフォーマルな関係の世界が重要になることである。他方

では，自己主張や自己評価の側面が膨らんでいくから，仲間関係のあり方も以下のようなさまざまな形を取るだろう。

仲間関係の種類と「学校いじめ」

この(4)に焦点を当てて，主に「自己主張」をいかに表現するかの観点から，仮説的に四つの仲間関係の形を分類してみよう。

ａ）　まず，自己主張をしないまま，強い仲間に従って同一歩調を合わせるような関係で「同調」と呼ぼう。これは周囲と同じ立場を取ることで，各自の疑問や不安，不満を気にせずに和らげる手段ともなりうる。青年前期の最初の段階である小学校高学年や中学生に多く見られるタイプである。

ｂ）　次に，強い仲間に対する別の自己主張をする関係で「対抗」と呼ぼう。主導権争いのように暴力的な攻撃性を示す場合もある。これは中学生の段階で出現しそうなタイプである。

ｃ）　さらに，対人関係ルールやクラスの行動秩序をそれなりにわきまえて，整然とことばで自己主張をしていくような関係で「対等的論議」と呼ぼう。自立性を備えながら仲間との連帯を求める関係だと言える。特に「青年後期」に入ってから見られるであろうタイプである。

ｄ）　あるいは，これら三つとは異なり，周囲の仲間関係に加わらず，あるいは距離を置く関係で「孤立」と呼ぼう。この孤立には何らかの無意識的な自己主張が隠れているかもしれない。しかし，クラス内では目立たない存在だけに，その主張がどんなものかは周囲からは理解されていない。

これら仲間関係の仮説的な種類を「学校いじめ」に当てはめてみると，いじめの仕組みに関して，いくつかのケースを想定することができる。

１）　「同調」関係があると，いったんいじめが始まるとエスカレートしやすくなるだろう。いじめの現場で参加しているようにはやしたてる

ような者たち（いわゆる「観衆」）や，周辺で見て見ぬふりをして容認する者たち（いわゆる「傍観者」）がいて，いずれも付和雷同型の集団構成になっているからである[8]。

　2）「対抗」関係だと，いじめの加害の立場と被害の立場が入れ替わってしまう場合も出てくる。被害者あるいは「加害者」や「傍観者」のなかから，今度は加害者に代わるような者が登場するケースはしばしば生じると言われており，いじめの仕組みは複雑になる。

　3）「対等的論議」関係だと，いじめにストップがかけられる可能性がある。「整然とことばで自己主張をしていく」ような児童生徒がいじめの状況に介入して，やめさせる場合が想定される。

　4）「孤立」関係だと，周囲に自己主張を表現しないだけに，いじめ被害の対象になりやすいかもしれない。もちろん，対象にならないとしても，児童生徒指導上で様々な配慮を必要としているだろうから，眼を離せない存在である。

　以上，「仲間関係の種類」と「学校いじめ」の関係を仮説的に論じてきた。ここで述べたかったことは，いじめに関する手書きのアンケートやタブレット上の項目選択が全国的に定着してきている状況のなかで，それだけで済ますのではなく，日ごろから，児童生徒集団のインフォーマルな関係（主に力関係）に，担任教員のみならず，学校教員全体が目配りすることの大切さである。

　つまり，いじめ問題の背後にある学校内仲間関係を通して，個々人に即した「青年前期」の発達課題にどれだけ着目するかがいじめ対応の核心となる。この核心については，序章で触れた『〔改訂〕生徒指導提要』で「生徒指導の方法」として「児童生徒理解」を強調している点と重なっている。生徒の問題行動をいかに具体的に是正して教育していくか，という発想よりも先に，個々の児童生徒の深い理解をすること無しに，いかなる生徒指導もありえない。

…児童生徒一人一人の家庭環境，成育歴，能力・適性，興味関心
等を把握することは非常に難しいことです。…中略…多感な時期に
いる中学生や高校生の複雑な心理や人間関係を理解するのは困難を
極めます。したがって，いじめや児童虐待の未然防止においては，
教職員の児童生徒理解の深さが鍵となります[9]。

「自立と依存」の揺らぎや混乱が顕著である「青年前期」では，仲間
への過剰なまでの一体化や，それとは逆の対抗，反目，攻撃などが見ら
れるのが常である。そうした経験を通じて，児童生徒たちは少しずつ対
人関係のルールを体得し，「青年後期」に移行していくと，ほとんどが
落ち着きを示していく。

4　日本の「学校いじめ」の動向とメディア報道

メディアと社会問題化

かつては大人がそれほど気にも留めなかった日本の地域での子ども仲
間の「いじめる習俗」とは異なり，急に社会的に注目されるようになっ
た「学校いじめ」の事実については，各種メディアによる報道の役割が
大きい。新聞・テレビ・雑誌・本が関連情報を扱うようになり，ちょう
ど情報化が進行する1980年代に，いじめ問題が重要な社会問題として
受け止められるようになった。

「社会問題 social problems」とは，解決すべき問題として多くの人々
が広く感じている事柄で，単に「社会現象」という客観的な捉え方とは
違い，世論の批判的意見を核にして多様な見解を伴っている。ただ，各
人の主観的な認識や価値判断の側面が入り乱れるので，その社会問題に
対する世論が複雑な様相を描き出している点に細心の注意を払う必要が

ある。

　さらに情報化が高度になった2000年代以降のインターネット（ネット）全盛時代に入ると，新聞記事は全国紙と地方紙そしてテレビ局の情報がそのまま個別のネット記事として手軽に読めるようになり，社会問題への人々の反応はさらに広がるようになった。2020年代以降でも，全国の「学校いじめ」に関する記事が毎週のようにネット記事として配信されており，活字の新聞よりも情報の伝達は強力である。

　またその一方では，スマートフォン（スマホ）の普及で，友人同士の交流がSNSを通じておこなわれるなかで，新たな「ネットいじめ」も広がりを見せるようになった。中国の大学生と現地で議論したように，「学校いじめ」の諸形態で世界的に新たな段階を迎えているのが「ネットいじめ」である。メディアと「学校いじめ」の社会問題化の過程との関係を整理すると次のようになろう。

　　①　いじめについて従来では考えられないような「自死」事件が新聞
　　　　記事や報告書で先ず取り上げられる。
　　②　「自死」事件の背景を明らかにしたいという目的で，テレビや雑
　　　　誌がさらに詳しい取材をして報道し，報道回数が増えていく。
　　③　さらに詳細な事件の記録が，単行本にまとめられて出版される。

　以上の整理に従うと，①段階ではそれほど多くの人々の眼に触れられてはおらず，社会問題化としては萌芽ともいうべき段階である。それが②になると，人々の関心が高まり，社会問題化の段階に至り，文科（部）省・教育委員会も教育問題として対処し始める。③になると，「学校いじめ」が社会問題の一つの項目としてすっかり定着する。法制化されるのも，この③の段階に至ってからである。

　活字メディアが最初に記録した「学校いじめ」事件は1978年であったが（①段階），文部省がいじめ認知調査を始めたのが1985年であったから，現実の問題に対して教育行政が本格的に取組み始めるまでに7

年ほどかかっている（②段階）。日本初の法律「防止対策法」が制定されたのは2013年だから、メディアによる最初の事案記録から35年経過していることになる（③段階）。

　もっとも、なかには①～③段階へと推移するいじめ問題に関する情報にあまり関心が無いのか、あるいは無視するのか、とにかく情報に接しないで、いじめ問題の新たな知識を入手しない学校教育関係者が存在することも事実である。また、教職員研修でそうしたいじめ問題の動向を熱心に理解しようとする学校や教育委員会がある一方で、そうでない場合があることも事実である。その結果、いくら法制化しても、そうした無関心の層をそのままにしておくと、いじめ問題の克服は何年経っても完全には実現できないことになってしまう。

「学校いじめ」の「自死」事案

　メディア（活字による）の事件記録の最初は、1978年の「滋賀県野洲町・中学3年生」によるいじめの仕返し事件だと序章第1節で述べた。ただ、その事案はいじめだけでなく非行の側面も帯びていた。「いじめ自死」に注目した最初のケースは、「いじめられっ子の悲痛な叫びである」との問題関心を抱いた現場教員が事例を持ち寄って、中学校長会会長が編集した『いじめられっ子』に収録された、1979年1月の東京都足立区立第三中学2年生男子の自死事案である[10]。

　この事案について新聞記者たちもいじめが絡んでいたことを取材している。いじめへの抗議をほのめかす文章が班ノートに書かれていた。「遺族はいじめが原因だと考えていたが、学校側はいじめが原因とは見なさず、死の真相はよく分からないという立場を取り続けた」と聞き取りをした現場教員は記している。この初期のいじめ問題事例集の書名『いじめられっ子』は、当時の世間一般での言い回し「いじめっ子・いじめられっ子」という表現をそのまま使っていて、今から40年以上前の時代

の認識の限界を示している。

　つまり，部外者のような立場を取り，いじめ被害者を客観的にしか捉えておらず，強者の立場・弱者の立場との「力関係」とは見ないで，被害生徒の「個人的性格」としか捉えないという限界である。もちろん，その古い言い回しは今もなお耳にすることがある。法制化10年を経た現段階で，そんな言い回しがまかり通るようでは，いじめ問題は到底克服できないだろう。

　東京都足立区の事案は広くは報道されなかった。そこで，初期の段階のなかでも，各種メディアがそれまでになく大きな反応を示した1979年9月の上福岡市【事案1】を取上げたい。先の足立区立三中2年生の事件の8ヵ月後のことである。さらに，その後も「学校いじめ」が新たな局面を次々に示していく「いじめ自死」諸事案を2021年の【事案7】まで取上げていくことにしよう。典型事例を選んだ結果，中学生の事案ばかりとなった。

　ここで改めて「自死」事案を掲げる目的を述べておきたい。

　第1に「学校いじめ」の最悪の結果であり，教員と生徒・保護者に二度と繰り返さないという覚悟が求められる。

　第2に「自死」に至るまでの経緯を調べて，「学校いじめ」のメカニズムを探り，経験的事実から深く学ぶ必要がある。

　第3にその学びを予防に生かし，二度と繰り返さないための態勢づくりを学校内外で確立しなければならない。

　手がかりとなる資料は各種メディアが公的に伝えたもので，誰もが眼にできる内容に関して，次の4項目に沿って，私なりの解釈を述べていく。

　(1)概要〔事案の事実経過など〕，(2)「学校いじめ」メカニズム解明のための知見（新たに検討すべき視点や問題対象など），(3)エスカレートを防止できたと考えられる局面（ここで介入しておればエスカレートを

止められたのではないかと考えられる局面や防止の組織・制度・実践など），(4)特記事項（事案の特別の含意など）。

　最初に，メディアと社会問題化の始まりというべき過程で，前項で示した①から②への移行段階の事案を取上げ，次に急速に大きく問題化が進んだ，本格的な③段階の事案の二つを取り上げる。

事案1 　埼玉県上福岡市・中学1年生（1979年）

　1970年代後半から増えつつあったいじめ事案は，この【事案1】が新聞・雑誌・テレビ番組・ドキュメント本を通して，それまでになく一斉に広く報道されたために，社会問題化の最初の本格的事案となったと判断される。しかもその後のいじめ問題に共通する様々な側面を内包していた，という点で典型的であり，社会問題化35年の実質的な始まりと捉えられる。

(1)　概要

　上福岡市（現・ふじみの市）の人口急増中の地域に造られた新興団地マンション11階から飛び降り自殺をした公立中学1年生男子・林賢一君の事件である。この事件は新聞報道が相次いだだけでなく，NHKテレビでドキュメンタリー番組が放送されたり，総合雑誌で小中陽太郎による記事になったり，金賛汀による分厚いルポとなって出版されたりして，それまでのいじめ事件とは異なってメディアが大きな反応を見せた[11]。各メディアは被害者の氏名を繰り返し報道したので，「林賢一君」事件として実名が使われ，全国的にその名が知れ渡った。

　「中1少年，飛び降り『学校でいじめられる』上福岡のマンション」というのが1979年9月10日付「朝日新聞」の3段抜きの見出し記事である。私はその記事を眼にしたことが「学校いじめ」に拘る最初のきっかけとなった。なによりも，いじめで自死に至ることもあるという現実が人々に大きな衝撃を与えた最初の事案であったと言え，1980年代に

「学校いじめ」が深刻な社会問題となる端緒となった。

　しかも，NHKテレビは事件から8ヵ月後の1980年5月24日に「壁と呼ばれた少年」と題した30分のドキュメンタリー番組を放送した。少年の自死にいかなる背景があったのか，学校・教育委員会・家庭・地域に密着して幅広く探っていて，これ以上の取材はできないだろうと感じさせるほどの内容である。現在なら取材自体が難しいであろう。おそらく，「学校いじめ」が深刻な社会問題であるという認識がまだ醸成されていない段階だったので，多様な人々に何とか取材に応じてもらえたのだろう。

　この番組で明らかにされた重要な事実が三つある。第1に彼は3ヵ月前の6月に自殺未遂をしていると母親が告白している。第2にいじめは小学校時代から始まっていたことを友人が話している。第3にその理由は国籍が違う民族差別であったことを，友人や地域住民が証言している。彼は在日朝鮮人3世である。

　放送された当事者たちの取材に対する主な語りから拾い出す（私的な番組録画より）。

　〔クラス担任〕なぜこんなことになったか，分かりません。ただ，賢一君の気持ちにもう少し寄り添っていればどうだったかな，という悔いは残ります。

　〔市教育長〕中学校の先生方に事情を聞きました。特に大きな問題はなかったということでした。

　〔母親〕夜8時過ぎ，真っ青な顔をして泣きながら帰ってきた賢一が「マンションの上から下をみたら怖くなって飛び降りられなかった。こわかったよお母さん」といって泣くんです。その後家庭訪問した担任と両親が話し合い，「二度とこのようなことのないように学校で処置をとってほしい」と担任に依頼しました。担任は朝

会で「いじめをしないように」と注意だけはしてくれたのですが…

〔父親〕私たちの方から言い出すことはないですが，国籍のこと
は質問されたらそうですよと応えますし，隠すことはありません…

　自殺未遂後の担任の対応が不十分で，自死後の学校の混乱ぶりもあり，
両親と在日朝鮮人団体が市教育委員会に要望し，3ヵ月後の12月になっ
て学校側が「調査報告書」をようやくまとめた。この間の詳しい経緯は
金賛汀のルポに譲るが，調査は教員への聞き取りだけで，いじめは認め
られなかったという不十分な内容であった。市教委は各方面からの追及
を受けて再調査の結果，翌1980年3月に2回目の「調査報告書」を出
した。その主な内容は「いじめはあった。ただしそれが民族差別であっ
たと断定するには至っていない。自殺未遂後の指導には適切さを欠いた」
と，最初の報告を修正するものであった。

　両親は民事裁判に問う方法を模索したが，当時は「いじめ裁判」がま
だ定着しておらず，市教委による「和解金」の支払いに応じるしかなかっ
た。法の整備がこの時点では確立しておらず，再度の「調査報告書」が
出されたことを除けば，他はすべて曖昧なままに結末を迎えた。金賛汀
は「一人の少年の死を，学校教育現場の最も不幸な失敗という視点から
問題の解明をなそうとする基本的な姿勢，態度の欠如が見られる」と批
判し，小中陽太郎は「賢一君が『壁』と言われたことを思った。それは
賢一君自身に対するあだ名だった。しかし，賢一君にとっても外の社会
そのものが壁に見えていた，と思い至った」と雑誌論評を結んでいる。

　(2)　「学校いじめ」メカニズム解明のための知見

　今から約45年前の【事案1】は，その後も議論され続けることにな
る「学校いじめ」に関わる多くの問題点をすでに孕んでいたことに気づ
く。5点を挙げよう。

　1)　学校いじめが被害者を自死にまで追い詰めるほどの攻撃性を帯

びており，かつての「いじめる習俗」とは異なる。

　２）　いじめは小学校から続いていた。小学校での対応はどうだったか，中学校への申し送りがなされていたかどうか，小・中の連携が問われる。

　３）　いじめの理由は民族差別であるから，これは単なるあそびの変形としてのいじめとは異なる。小学生の民族差別意識は，大人たちの差別意識の反映だと考えられるし，民族差別の延長線上に，小学生のいじめによる排除・侮蔑行為があると捉えられる。急速な都市化による人口増の底流に，民族差別意識が拡大されていないか，地域社会の流動性と照らし合わせて，人権問題を小学校と中学校がいかに対処すべきかに向き合うことが根本的な課題である。

　４）　自殺未遂ほど大きな SOS 発信はない。学校を挙げて急ぎ対処すべき SOS なのに，担任によるクラスでの注意だけで済まされたのは，この中学校に危機意識が欠如し，危機管理の組織体制が整っていなかったと言わざるを得ない。

　５）　痛ましい自死の後だけに，本来なら学校が先に詳細な調査を実施する責務があるのに，外部団体から要請されて遅まきながらの調査報告書を作成している。そのせいだろうか，いじめの存在は認めたくない，という学校の組織防衛体質が如実に現れている。「いじめは悪であり，学校にあってはならない」という脅迫観念に近い特異な潜在意識に由来するにちがいない。市教育長も教員にだけ聞くという一面的調査ですませている。批判を受けて，修正した調査報告書を再提出すること自体，学校が事実経過を客観的に丁寧に記録して，どこに問題があったかを解明するという危機管理がおざなりであった証拠であり，これでは地域から学校が信頼を得ることはできない。

　(3)　エスカレートを防止できたと考えられる局面

　１）　小学校の段階で，民族差別が不当であることを人権尊重の基本理念に基づき指導すること。現代は外国人児童生徒が増加しており，「多

文化共生」の考え方も広がっているとはいえ，かれらの多くは「いじめられたことがある」と語っており，今もなお新たな教育課題である。

　２）　言うまでもなく，自殺未遂後の対応が極めて重要である。「いじめは良くない」とただ形式的に注意するのでなく，クラス担任だけでなく学校全体で賢一君を理解し，徹底的に守るという姿勢を貫くことが要請されていた。

　(4)　特記事項－内包されていた諸問題はその後克服されているか－

　この事案では，その後も議論され続けることになる「学校いじめ」に関わる多くの問題点をすでに孕んでいた，と述べた。では，それらの諸問題はこの45年間，その途中で「防止対策法」も制定されているわけだから，解明のための５点の問題を克服できているかと問うと，必ずしもそうではない。克服できていない新たな事案がなお続いているとすれば，それは一体何を意味しているのか。「学校いじめ」の仕組みが教員全員にまだ十分に理解されていないのか。過去の教訓から学ぶ姿勢が欠如しているのか。いじめの対処と予防の学校組織体制が不十分なのか。「防止対策法」の効果が発揮されていないのか。あるいは，「防止対策法」の施行に伴って，何らかの新たな問題が生じているのか。

　そうした疑問について検討することが，社会問題化45年，「防止対策法」10年の総括にとって必要な課題である。

文部省の緊急提言

　さて，次の【事案２】に移る前に，文部省の「緊急提言」（1985年）について触れておきたい。1980年代に入ってから全国で「いじめ自死」事案が立て続けに生じたために，文部省は深刻に受け止め，「緊急提言」の発出となった。ところが，その約半年後に【事案２】が生じている。率直に言って，「緊急提言」が生かされない結果となってしまった。

　こうした行政文書は学校現場の個々の教員の眼に止まりにくいのかも

しれない。ただ，学校長と教頭なら読んでいるはずだから，職員会議で話題にして，生徒指導委員会での緊急議題にするとか，各クラス担任が学級内の友人関係を眺め直すきっかけにするくらいなら，可能なはずである。そんなこともできないのなら，何のための「緊急提言」なのか，各学校に提言内容を伝えていく具体的な方策を再検討する必要があろう。さらに，提言内容や内容の表現がこれで良いのかを考え直すことも必要かもしれない。

〔緊急提言－いじめの問題解決のためのアピール〕抜粋（1985年6月28日）

　1．いじめは，児童生徒の心身に大きな影響を及ぼす深刻な問題であり，その原因も根深いものであること。最近のいじめには，単なるいたずらやけんかと同一視したり，又は児童生徒間の問題として等閑視することが許されない状況がある。…

　2．いじめは，今日の児童生徒の心の問題が深く介在している問題であること。…善悪の判断がつかなかったり，…自制の心に欠けたり，他人の心の痛みがわからないなどの児童生徒の心の荒廃が深く介在している…

　3．いじめは，学校における人間関係から派生し，教師の指導の在り方が深くかかわっていること。学校生活において，弱い者，集団の中で異質な者を排除しようとする傾向があり，これがいじめを生む一つの背景となっている。…

　4．いじめは家庭におけるしつけの問題が深く関わっていること。…家庭における教育機能の低下や親が子どもに学力に偏した期待をかけすぎることによる子どものストレスの大きさ等もいじめの一つの背景になっている。…

　5．いじめの解決には，緊急対策，長期的対策の両面からの対応が必要であること。…特に，今日の物質中心の社会的風潮，受験競争の加熱等の中で，児童生徒が生活体験に乏しく，対人関係が未熟で欲求不満の増大やストレスの解消手段に乏しい傾向にあり，これらがいじめを生み出す背景となっている…[12]。

　以上5項目の緊急提言については，40年ほど経った現時点から検討した評価とはなるが，以下のように指摘できる。

　1）　全体にいじめ問題の基礎知識一般を講義するような文章で，学校現場で実践する教員には響きにくいだろう。むしろ，クラスの中にある児童生徒間の「力関係」の動きを注視してみよう，といった具体的な取組みを述べた方が参考になるのではないか。

　2）　各項目は「いじめ」という主語で始まる。いじめは多様な行為を含み，人々が抱くイメージも多様であるが，否定的な価値判断を含んでいる点で共通する。そのいじめがすべて主語にされていることで，結論はすでに明らかだと受け取られてしまい，主語の後にどのような説明の述語が続こうとも，その説明はあまり眼に入らないのではないか。むしろ教員を主語にして，「いじめと疑われる言動を眼にしたら，一人で判断せず，教員同士で，あるいは学校組織のなかで議論する」といった行動指針を掲げた方が，実践する教員にとって有意味だろう。

　3）　「心の荒廃」とか「ストレス」とか，余りにも一般的な文言が並ぶと余計に眼に入らない文章となる。むしろ，小学校から中学校にかけての発達段階において，心身の不安定さに由来する攻撃性が発現しやすいこと，いじめ行為は加害の意識が少ないこと，ただし，いったん行為が始まると学級や学年内では観衆層や傍観者層も加わり，エスカレートしやすいのが「学校いじめ」の特徴であること，といった諸点が肝心

の内容であるにもかかわらず，「緊急提言」には何ら書かれていない。

　さて，この「緊急提言」が発出されたにもかかわらず，その半年後に異常なまでの事件の性格からか，多くの新聞報道などが連続し，「学校いじめ」問題の深刻さを感じさせる大きな事案が生じた。1980年代半ばからいじめ問題が広く注目されるようになった，としばしば言われるのは，1985年に文部省によるいじめ調査が始まったことの他に，この事案の反響が大きかったことによると考えられる。

　被害者である鹿川裕史君の名前や，いじめ行為の一つであった「葬式ごっこ」，遺書に書かれていた「生きジゴク」といった文言が広く話題になるほどであった。この事案については，事件直後から事件そのものの取材だけでなく，民事裁判を傍聴し，さらには8年後の友人の証言まで追い続けた朝日新聞記者が一冊の本にまとめている。豊田充『いじめはなぜ防げないのか－「葬式ごっこ」から21年－』である[13]。そこで，この本の第4章を中心に当時の新聞記事も交えて概要を整理してみたい。

事案2　東京都中野区・中学2年生（1986年）

　(1)　概要

　1986年2月1日夜9時過ぎ，岩手県盛岡市盛岡駅前の地下飲食店街の公衆トイレ内で，東京都中野区立中野富士見中学2年の鹿川裕史（ひろふみ）君が首をつって死んでいるのが発見された。バッグのなかの買い物袋に次のような遺書が書かれていた（遺書は，豊田充の本の扉に現物が大きくそのまま－友人名だけは伏せて－写真印刷されている。なお，同中学校は2009年3月閉校，同年4月より南中野中学校に統合再編）。

　　家の人，そして友達へ　突然姿を消して申し訳ありません。くわしい事についてはAとかBとかにきけばわかると思う。僕だってま

だ死にたくない。だけどこのままじゃ「生きジゴク」になっちゃう
よ。ただ，俺が死んだからって他のヤツが犠牲になったんじゃいみ
がないじゃないか。だから，君達もバカな事をするのはやめてくれ，
最後のお願いだ。　　　　　　　昭和61年2月1日　鹿川裕史

　鹿川君は前日の1月31日朝8時20分に中野区の自宅を出ているが，
学校には行っていない。帰宅しない裕史君を両親は探していた。残され
た通学バックには，セーターやシャツ，Gパンなどが詰め込まれ，少な
くとも家出をするつもりであったらしい。盛岡は，父親の実家があり，
夏休みに過ごしたことがよくあった。1月中，彼は登校時刻には家を出
たが，学校には三日しか姿を見せていない。

　新聞は「いじめ苦に自殺－中2家出，遺書で訴え－」と大きく報じた
（「朝日新聞」1986年2月3日付）。また，次のような新聞記事が連日報
道されている。事案の概要を具体的に示しているので，いくつかの記事
を引用する。「」内は見出しである。

　○「ぎりぎりまで生に執着－自殺の裕史君－」　父親雅弘さんの
話では，昨年7月から遺書にあった同級生二人が自宅におしかけ，
ドアを蹴飛ばすようになり，裕史君は「あいつらとはつきあいたく
ない」とこぼすようになった。雅弘さんが「男の子なんだから，や
りかえしてこい」と元気づけると，「僕は暴力は振るわないよ。悲
鳴を上げずに黙って殴られるのが僕の根性なんだ」と答えたという。
いじめは10月ごろからひどくなり，12月には「裕史，殺すぞ」と
いう電話がかかり，雅弘さんが思いあまって，学校や警察に相談。
いじめていた二人の両親にも会い，つきあわないよう頼んだ。が，
いじめはとまらず，学校は休みがちになった。（「朝日新聞」2月4
日付）

○「葬式ごっこもされていた－いじめ自殺　鹿川裕史君－『追悼文』に先生も署名－」　鹿川裕史君に対して，級友らが昨秋，同君が死んだことにした「葬式ごっこ」をしていたことが５日，生徒らの証言で明らかになった。「追悼」の寄せ書きをした色紙を教室の同君の席に置き，花や線香を供えるなど，念入りな「いたずら」で，色紙には先生たちの署名もあった。（「同」２月６日付）

　○「中野富士見中で逮捕－授業中暴力の少年－」　中野富士見中で授業中，２年生の男子生徒が暴れ出し，同級生に暴力を振るったことがわかり，警視庁少年一課と中野署は，１３日，この生徒を暴行の疑いで逮捕した。担当教師はこの暴力を見て見ぬふりをしており，荒れる学校と教師たちの無力ぶりを物語っている。（「同」２月１３日付）

　○「中野富士見中　いじめで初の懲戒処分」東京都教育委員会は，中野富士見中２年，鹿川裕史君がいじめに耐えかねて自殺した事件で担任教諭を諭旨退職とするなど，関係教員６人を懲戒処分にした。校長ら３人は３１日付で依願退職，２人は４月１日から１年間の研修を命じられ，６人全員が新学期から教育現場を追われる厳しい処分になった。いじめで教員が懲戒処分されるのは全国で初めて。（「同」３月２１日付）

　豊田充の取材による８年後の同級生たちの貴重な証言から２人の発言の一部を抜き出そう。当時のクラスの状況が伝わってくる。証言者などは地名による仮名である。

　○秋田さん・短大卒，就職「鹿川君のこと，みんなはシシ君と呼んでいたのね。シシ君はいっつもいじめられていた。フェルトペン事件（中２の２学期の半ば，口の回りにフェルトペンでひげを描か

れ，廊下で踊らされた）なんて序の口よ。…廊下なんかで何人もで
囲んで蹴るのは，何回も見た。A君やB君たち，例のグループがや
るんだけど，他のクラスの人も入っていた。

　他の人は見て見ぬふりしてた。誰かが『やめろよ』とか言ったっ
て，『何を』とか『うっせい』とか，どなられて終わりだったと思
う。あのグループには，先生だって怖がって，口を出さなかったも
ん。靴を隠すのなんかも，しょっちゅうだった。授業中もしょっちゅ
う，たばこや缶ジュースを買いに行かされていた。…」

　〇石川君・高校卒，就職「だれも鹿川をいじめたなんて，思っちゃ
いなかった。思ってたとすれば，AとかBたちの，あのグループぐ
らいじゃねえか。…なぜ鹿川をやったかといえば，彼が弱くて，抵
抗しないのを知っていたからだ。あのグループが相手だったら，そ
んなことはしなかったろう。鹿川もある時期から，あのグループの
一員だったが，あいつは絶対にチクらなかった。そこまで知ってい
るから，安心して殴ったんだ。あの連中だって，そう強いわけじゃ
なく，からまれても『何言ってんだよう』と言い返すぐらいで収まっ
てしまうが，それでも数を頼んで，あとあとまで何かとうるさい。

　だから，いじめがあっても，下手に止めに入ったら，次に自分が
やられる，とみんな思っていた。汚ねえようだが，生きる知恵だわ。
そういう関係がある以上，いじめは，だれにも止められねえんだ。
…あの当時，気持ちがすさんでいた。…学校でいつも強がっていた。
攻撃態勢をとっていないと，弱みを見せたら，やられかねない。…」

　以上の証言によれば，いじめが常態化していたこと，しかもそれは遊
びぐらいにしか意識されていなかったこと，中心メンバーを取り巻いて
クラスのほとんどがはやし立てたり，見て見ぬふりをしていたこと，な
かには批判的な生徒もいたこと，信頼できる教師がいなかったこと，な

どのクラスの状況がわかる。

「生きジゴク」と評された学校では担任，校長などのいじめ対応の責任が問われ，前代未聞の懲戒処分がなされた。都教育委員会としては，これで問題の決着をつけようとしたのであろうが，いじめ問題の解明と事後対策は曖昧なままであった。

　(2)　「学校いじめ」メカニズム解明のための知見

　　1）　事案全体を通じて，「緊急提言」（1985年6月）にあった「単なるいたずらやけんかと同一視したり，又は児童生徒間の問題として等閑視することが許されない」という文言が読まれて，学校内で確認されていたかどうか疑問である。読まれて確認されていたら，7月〜12月のいじめのどこかで教員がブレーキをかけることができたはずである。しかし，読まれてはおらず，議論もされていなかったことが，新聞記事に書かれた「見て見ぬふり」という表現で明らかにされたと言えよう。

　　2）　「葬式ごっこ」に加わった教員について，「何の色紙か知らなかったが署名した」という言い方と，「おおよそ見当がついていたが署名した」という言い方の二通りが伝わっているが，指導する立場にある教員が生徒と同じ立場で危険な遊びに気軽に参加したこと自体が，教員という職務を放棄していたに等しいと言わざるを得ない。

　　3）　「葬式ごっこ」いじめに関わった教員などの懲戒によって，学校は責任を取った形になっているが，個々の問題教員を罰して済むことではなく，スクール・マネジメントの失敗として捉えるべきであろう。管理職の校長と教頭はいうまでもなく，教員全員を含めて「安全な学校」を創造するスクール・マネジメントそのものが破綻していたと言ってよい。

　　4）　第2章第4節で「反いじめ」の取組みの度合いについて，海外の研究者が作成した学校3類型モデルを紹介する。この中学校はちょうど「機能しない学校」に相当し，「安全な学校」の対極にあると位置付

けることができる（表2－3参照）。

　5）　事件から5ヵ月後の6月23日，遺族である両親は「自殺に追い込まれたのはいじめを放置した学校やいじめた子の両親の責任」だとして，学校設置者である中野区と教員人事権者である東京都，及び遺書に名が挙がったA・B両君の両親を相手に総額2,200万円の損害賠償請求訴訟を東京地方裁判所に起こした。「学校いじめ」が民事裁判となる本格的な事例であり，しかも1審と2審で判断が分かれるという注目すべき裁判であったから，以下の(4)で特記したい。

　(3)　エスカレートを防止できたと考えられる局面

　1）　1985年7月~12月のいじめ実態を見ると，どこかで介入することはできたはずだと思われる。「フェルトペン事件」「葬式ごっこ」「自宅におしかけ，ドアを蹴飛ばす」「『裕史，殺すぞ』という電話がかかり」など，単なるいじめのレベルを超えて，暴行など刑法犯罪の部類に入る非行と言うべきである。警察との強力な連携が要請される。もし中学校が当事者能力を欠いていたとするなら，非行問題の専門家や教育委員会からの担当者などの外部からの人材派遣が図られてしかるべきだった。

　2）　1986年1月に続いた学校欠席は，それまでの経緯からして当然気になる行動であり，家庭とも連絡して鹿川君の状況を調べて，欠席原因を把握し，その原因を除去するように学校が組織をあげて介入するのが当然の措置であろう。

　(4)　特記事項－二つの裁判判決－

　1）　5年近く続いた東京地裁での一審は，1986年1月以降の暴力のみ認定し，学校安全義務違反に基づく慰謝料などは認めたが，いじめの存在は否定した。おそらく，鹿川君は最初のうちは加害グループと交流しており，子分的に扱われ，それでも服従していたので，いじめ被害の様子を受け止めにくかったのかもしれない。いじめ行為は「排除」だけでなく「従属的拘束」の関係を取り，使い走りや金銭の巻き上げという

形態の場合があることを見落とすべきではない。

　２）　いじめの存在を否定されたために両親は東京高裁に上告，３年後の1994年５月に出された二審判決は一審判決を覆し，いじめの存在を認め，被告四者に計1,150万円の支払いを命じる原告勝訴の内容であった。交流していたグループ内の加害－被害関係が詳細に検討された結果であろう。

　適切な対処を怠った教員には責任があり，中野区と東京都は賠償責任を負う。Ａ・Ｂの親権者は学校から知らされていて，いじめが深刻であると認識しえたはずなのにＡ・Ｂを放任し監督義務を怠った責任がある。よって損害弁償すべきである。

　この二審判決は「きわめて悪質ないじめ」があったことを認め，自殺の予見可能性は否定したが，「いじめが自殺の主たる原因であることは疑い得ない」と強い調子で結論づけ，「適切な対処を怠」り，「いじめを防止」できなかった教師らの責任を指摘し，加害者生徒二人に対する「監督義務を怠った」両親の過失も指摘している。この判決内容に対して，原告・被告側ともに上告しなかったため，二審判決が確定した。

　３）　このように，いじめ自死に関する裁判では，いつも「いじめの有無」と「自殺の予見可能性」が審理される。いずれについても，いじめをめぐる細かな状況や背景について，説得的な事実証拠・証言が得られるかどうかが問われており，裁判によって判断が分かれる場合もあることを知る典型的な事案である。

　一口に「いじめ裁判」と言っても，いじめの加害と被害の状況を具体的に立証しうるかどうかが問われ，心理的被害の程度の認定も問われる。さらに，各裁判が「学校いじめ」をどう見るかという根本についても，論議の分かれ道になるかもしれない。

　ここで浮かぶ問題関心は，＜法律の原理＞と＜教育の原理＞の相違であり，＜法律の原理＞でいじめ問題はすべて解決できるわけではない，

という素朴な感想である。この点は第4章で論じたい。

第2章

錯綜する「学校いじめ」の諸見解

1 多様な「学校いじめ」観

1980 ～ 90 年代になると，毎週のように全国各地での「学校いじめ」事件が新聞記事となった。それまでの「たかが子どものいじめではないか」と言ったつぶやきは影をひそめ，いじめに関する本格的な論議が盛んになっていく。1980 年代後半には各教育委員会が各学校に通知を出して，「いじめ防止委員会」の設置を指示，さらに指導資料の作成，研修会を開催といった取組みが見られ，いじめ問題の解決に向けて一歩が踏み出されたかに見えた。

ただ，取組みは各学校の努力に委ねられたから，どこまで徹底されたかどうかは疑問である。それに，仮に取組まれたとしても，形式的だったきらいがある。「いじめ防止委員会」が設置されても実際には機能せず，というように。そんななかで衝撃を与えたのが次の事件で，いじめ問題に関するそれまでの認識を揺るがす事案となった。

事案3 愛知県西尾市・中学 2 年生（1994 年）

1980 年代半ばの鹿川君事件（中野区【事案 2】）の高裁判決が出てから約半年後に生じた【事案 3】は，1990 年代半ばの象徴的事件となった。事件の経過については，1994 年 12 月 2 日から 12 月 11 日まで地元の中日新聞記事を中心に編集された中日新聞本社・社会部編『清輝君がの

こしてくれたもの－愛知・西尾中 2 いじめ自殺事件を考える－』に詳しく記録されているので，この本をもとに整理してみたい[1]。

(1)　概要

1994 年 11 月 27 日，愛知県西尾市立中学校 2 年生の大河内清輝君が自宅裏の柿の木にロープをかけ，首をつって死んでいるのが発見された。葬儀を終えた 12 月 1 日になって，彼の自室の机の引き出しから「遺書」と題された文章が，生前の家族旅行の楽しい思い出を綴った「旅日記」のノートとともに見つかった。「遺書」の全文は約 3,000 字で，400 字詰め原稿用紙にして 8 枚もの分量のなかに，いじめを繰り返し受けた事実が詳しく書かれていた。鹿川君の遺書と比べても，いじめられた事実の記述の詳しさが特徴的である。

この遺書全文が各新聞に掲載されたことから，大々的な新聞・テレビ報道が連日続いた。「大河内清輝君事件」と実名で呼ばれるようになった。いじめは中学校の「いじめ防止委員会」に報告されてはいたが，対応策が取られなかったうえに，本人は学校にも家族にも事実を明らかにしなかったから，詳細な調査はおこなわれていなかった。死後に，市教育委員会は市全体のいじめ調査を実施，市議会で市長は「教員の未熟さや問題解決への情熱が無かった」と陳謝した。以下は遺書の前半部分で，全文の 1 割ほどの分量である。

　　…小学校 6 年生くらいからすこしだけいじめられ始めて，中 1 になったらハードになって，お金をとられるようになった。中 2 になったら，もっとはげしくなって，休みの前にはいつも多いときで 6 万少ないときでも 3 万〜 4 万，このごろでも 4 万。そして 17 日にもまた 4 万ようきゅうされました。…でも，僕がことわっていればこんなことには，ならなかったんだよね。スミマせん。もっと生きたかったけど…。家にいるときがいちばんたのしかった。いろんな所

に，旅行につれていってもらえたし，何一つ不満はなかった。…
14年間，本当にありがとうございました。僕は，旅だちます。でも，
いつか必ずあえる日がきます。その時には，また，楽しくくらしま
しょう。お金の件は，本当にすみませんでした。働いて必ずかえそ
うと思いましたが，その夢もここで終わってしまいました。そして，
僕からお金をとっていた人たちを責めないで下さい。僕が素直に差
し出してしまったからいけないのです。…

　12月2日に，いじめ自殺事件として新聞第1報がなされたあと，連
日のように関連記事が大きく報道された。概要に相当するので，以下は
中日新聞記事からの抜粋である（「」内は見出し）。

　　○「『乱暴され，お金要求され』遺書－110万円？　渡す－生徒
　4人，事実認め謝罪－」　いじめたり現金を要求したりしたとされ
　る生徒4人は，保護者や担任らと一緒に1日夜，大河内さん宅を訪
　れ謝罪。全員が現金の要求やいじめ，川で乱暴したことを打ち明け，
　これまでに数回にわたり，現金も受け取っていたことも認めたとい
　う。…父祥晴さんは「家のお金がなくなったり，自転車が壊され，
　顔にあざをつくり帰宅したので問いただしたこともある。しかし，
　いじめについては知らないの一点張りだった。死ぬような恐怖を味
　わっているとは知らなかった。友達が悪いのなら自分から逃げ出し
　なさいと厳しく問いつめた。親として責任を感じているが，もっと
　理解してやればよかった」と話していた。学校の話では，清輝君は，
　まじめで成績もよく，剣道部に入り，非常におとなしい生徒だった
　という。校長は「家族から遺書があることを聞いた。本人からいじ
　めや金銭授受のことを聞き出せなかったのは残念でならない。昨晩，
　緊急職員会議を開き，いじめに加わった生徒が10人ほどいると聞

いたので，事実関係を解明したい。…」と話していた。(12月2日付)

　〇「対策委機能せず−清輝君事例　報告のみ−」　対策委のメンバーは，校長，教頭，校務主任，各学年主任，生徒指導，養護教諭の計8人。3年前に設置された。毎月末1回開かれ，いじめとみられる事例について個々の教諭から報告される場になっている。清輝君の場合は，9月に自転車を壊された件や目に青あざをつくったケースなど自殺するまでに，計3件が対策委に報告されていた。しかし，対策委では報告を聞いただけで，それに対する具体的な対応策は出なかったという。(12月4日付)

　〇大河内君のいじめ事件で，教育長は6日に開会した定例市議会の冒頭で，「教師の未熟さ，情熱がなかったということが，こういう事態につながった」と述べ，学校側にも手落ちがあったことを初めて認めた。そのうえで，遺族への補償問題に触れ，「日本体育・学校健康センター」の共済制度や，生徒にかけている民間の傷害保険を利用して誠意をもってこたえたい」と述べた。(12月6日付)

　政府も動きを見せる。当時の村山富市首相(自・社・さきがけ連立政権)はテレビニュース記者の質問に答えて「いじめを根絶するくらいの気持ちで取組まねばならない」と語り，そのニュースを私も見ていた。現職首相がいじめ事件に言及するのは異例である。この「いじめを根絶するくらいの気持ち…」という答え方がのちに「いじめの根絶」という独立用語として1990～2000年代に広く使用されるようになった。

　文部省もすぐに「いじめ対策緊急会議」を開催して「緊急アピール」を発出し，被害者の立場から加害者を批判しつつ，いじめに対して積極的で総合的に取組むべきだ，と厳しい調子で訴えた。

〔緊急アピール〕（1994 年 12 月 9 日）

　…いじめの問題は学校・家庭・社会が総合的に取り組むべき問題であるとの認識の下に，当面緊急に対応すべき点として下記のとおり提言する。…

　1．いじめがあるのではないかとの問題意識を持って，全ての学校において，直ちに学校を挙げて総点検を行うとともに，実情を把握し，適切な対応をとること。

　2．学校，家庭，社会は，社会で許されない行為は子どもでも許されないとの強い認識に立って子どもに臨むべきであり，子どももその自覚を持つこと[2]。　（以下略）

　この「緊急アピール」を，1985 年 6 月 28 日の「緊急提言」（前掲）と比べてみると，いじめへの態度がより厳しくなり，被害者側の立場から加害者を批判する姿勢が打ち出されており，いじめへの積極的で広範な取組みを求めていることが分かる。このアピールで，いじめはどの学校でもおこりうるという認識を初めて提起した。

　以上の経緯を眺めると，この【事案3】は，次の4点を突きつけたと考える。

　第1にいじめは自殺さえもたらすという悲痛な事態について，いじめ行為を具体的に詳細に訴えた「遺書」という明確な形で改めて告白したこと。

　第2に 1980 年代半ばにいじめが多発して，大きな社会問題になったあと，一定の取組みがそれなりに功を奏したのか，いじめ件数は減少し，問題は沈静化したと見なされつつあった時期に，再び生じた悪質ないじめ事件であったこと。

　第3に学校はいくつかのサインに気づきながら最悪の事態になることを防ぐことができなかったこと。

　第4に，いじめが恐喝犯罪化していたこと。

(2)　「学校いじめ」メカニズム解明のための知見

　1）　SOSサインがどのように発信されて，どのように受信されたかについては，細部の検討が必要である。新聞記事にあるように，父親は「家のお金がなくなったり，自転車が壊され，顔にあざをつくり帰宅したので問いただしたこともある。しかし，いじめについては知らないの一点張りだった」と語っている箇所である。眼に映る外面の様子と口頭で発言する内容とを対置させると，外面の様子自体がすなわちSOS発信であると受信すべきだろう。「知らないの一点張り」も外面の様子と一致しないから不自然で，それも潜在的なSOSとなる。変だと感じて，学校に相談するのが当然取るべき方法だった。

　青年前期は，表の言動と内面の心とが食い違ってくる時期である。たとえば，顔は笑っているのに，心は泣いているといった食い違いは，いじめ被害者にはよくある現象である。清輝君の遺書にあるように，恐喝を受けた事実を書き連ねながら，最後には「僕からお金をとっていた人たちを責めないで下さい。僕が素直に差し出してしまったからいけないのです」というのは自責の感情の表現になっているが，おそらく清輝君の攻撃性は外に向かわず，自分自身に向けられたのではないか，と思われる。攻撃性の方向性を見極めることも，青年前期の子どもたちを理解するうえで重要な観点である。

　こうしたSOSの発信と受信の関係の複雑性については，父親だけでなく教員も知るべきことである。学校でも彼は「別に問題はない」との発言を繰り返していたに違いないと想像するからである。SOSは口頭発言や手記またはメモで表現された主観的感情を想起しやすいが，少しでも異常を感じる本人の客観的状況に間接的に示されていることも青年前

期にはしばしばあることだから，客観的な SOS にも注意を向ける必要
がある。

　2）「いじめ防止委員会」では，「自転車を壊された件や目に青あざ
をつくったケースなど計3件が対策委に報告されていた」にもかかわら
ず，「報告」だけで終わっていた，という点はまったく解せない。それ
だけ報告されていたら即刻「審議」に移るのがごく当たり前の会議の進
行である。審議にすればいろんな情報が各教員から発せられるだろうか
ら，それらを総合すれば，具体的な介入手だてが浮かび上がったに違い
ない。そうならなかったのは，「いじめ防止委員会」が形式的なもので
しかなかったということだろう。この中学校もまた委員会の形だけは
整っていたとしても，実質は「機能しない学校」（表2－3参照）であった。

(3)　エスカレートを防止できたと考えられる局面

　1）　小学校6年生から中学2年生まで受けてきたいじめ被害は長期
間に及ぶから，防止できたタイミングはいくつかあっただろうが，やは
りいじめが「ハード」になった中1の時に（遺書に記載），外面で見せ
る様子で少しでも変だと感じる局面が必ずあったはずである。清輝君は
「問題ない」と言い張っただろうが，その食い違いに不自然さを感じた
保護者や教員による何らかの調査の介入は可能だったのではないだろう
か。

　2）　中学校ではいじめ防止の取組みが形式的に流れていたと判断で
きる。市教育長は「教師の未熟さ，情熱がなかったということが，こう
いう事態につながった」と反省している。しかし，「未熟」とか「情熱
がなかった」と言われても各教員には理解できないだろう。むしろ，抽
象的な言い方でなく，いじめ対策・防止に関する具体的な提言が適切で
ある。たとえば，1）の調査を始める際に，手がかりとして鹿川君事件（中
野区【事案2】）の概要と高裁判決の資料を取り寄せ，「いじめ防止委員
会」の全員で検討しつつ，清輝君の調査の進め方を考えるという作業を

してみてはどうだったろうか。

　(4)　特記事項－恐喝犯罪化－

　先ほど挙げた経緯の 4 点のうち，第 4 の恐喝犯罪化については，当時はほとんど世論の関心を呼ばなかった。いじめと恐喝犯罪という次元が異なる二つの行動を結びつけることは思いつかなかったからだろうか。あるいは，人々は長文の遺書を残した自死ということの方に気を奪われたためであろうか。

　警察は金銭の動きを捜査し，10 数人のいじめグループのうち中心的なメンバー同級生 4 人について計 40 万円以上を巻き上げた事実を裏付けた。4 人は翌 1995 年 2 月に名古屋地検岡崎支部に書類送検された。罪名は「恐喝」である。この時点で明らかになったのは，大河内君のいじめは，いじめではなく刑法犯罪の恐喝であったという真相である。

　たしかに，時代は 1990 年代初頭にバブル景気で沸いた後の余韻が残る消費社会化の全盛時期で，すべては金次第といった風潮が子どもの世界にも流れ込んでいた面があったかもしれない。一口にいじめと言っても具体的な行為は多様であり，この事案でいじめの捉え方は新たな局面を迎えた。それについて，次に独立させて述べたい。

あそびーいじめー刑法犯罪

　これまで述べてきたいじめの形態を整理してみると，図 2 － 1 のように「あそび」「いじめ」「刑法犯罪」の 3 層に分けられる。この図に従えば，いじめをどのように判断するかをめぐって，混乱が生じやすいという重要な論点が浮かび上がる。

　(1)　「あそび」と「いじめ」の区別をつけにくいことが多い。すぐに消滅してしまうことも多い「あそび」を「いじめ」だと早合点してしまったり，明らかに「いじめ」なのに，「あそび」だと見なして問題視しない場合である。

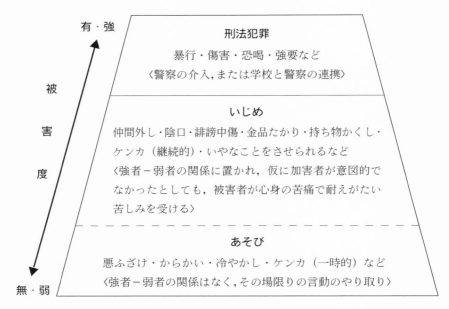

図2－1　あそびーいじめー刑法犯罪

（2）　そこで，「あそび」か「いじめ」かの判断は，複数の眼で注意深く観察していくことが求められる。たとえ「あそび」のように見えても，時間経過と共に「いじめ」へ，さらに「刑法犯罪」へとエスカレートしていくこともある危険性が強いというのが「学校いじめ」の特徴であることを常に念頭に置かねばならない。

（3）　清輝君の事案が示していることは，「いじめ」と「刑法犯罪」を明確に区別しなければならないにもかかわらず，両者を併せて捉えてしまったことである。お金が動いている気配があれば，躊躇なく警察の協力を得る必要がある。学校にとって警察は敷居が高いと感じているようであるが，金銭の動きに関しては学校だけで調べることはできない。刑法犯罪と結びつきやすいと判断し，少年法の健全育成の観点からしても，警察との連携が不可欠である。

　とはいえ，「刑法犯罪」のなかでも「暴行」の場合は「いじめ」と結びつく場合があり，区別することが難しい。清輝君の場合も中日新聞記事では「川で乱暴した」（加害生徒）「顔にあざをつくり帰宅」（父親）という箇所を見ると，「暴行」を受けていたのではと想像する。英語のbullying も mob（暴徒・リンチ）との区別に苦心しているようで，いじめは多少とも暴行を伴いがちな現実がある。おそらく暴行の回数や負った傷害の程度により「いじめ」か「刑法犯罪」のいずれであるかが認定されることになるだろう。

　以上のように整理すると，3層を区別しても各層間が流動的である特徴を認識することは，教員一人では到底無理であり，また一人で済ませてはならないことに改めて気づかされる。複数の教員や養護教諭，司書教諭，そしてスクールカウンセラー，スクールソーシャルワーカーなど含めた多数の眼を通すと客観的な事実を掴むことができる。それは各学校にすでに設置されている「いじめ防止委員会」を核とした学校組織全体で検討すべき事案となっていく。

　ところが，「防止対策法」が制定された後になっても，クラス担任や教科担任など一人の教員だけで判断して，「いじめ」を「あそび」の一種と見なし，その後も放置し続けた結果，そのいじめがエスカレートして最悪の自死に至ってしまったという類似事案は，これまで全国各地で報道されてきた。そのうちの典型例について，第3章で岐阜市【事案5】として取り上げよう。

　また，いじめ判断をめぐる三つの層による混乱の他にも，中心となる「いじめ」に焦点を当てても別の混乱がある。平仮名三文字の「いじめ」は簡単に発音でき文字にできるだけに，多様な意味を帯びて曖昧に理解され，語られがちである。性別や世代別によって，また学校関係者と保護者の違いによっても見方が違うだけに統一性がない。

2 「いじめ観と対処法」の4類型

　さらに，いじめ論議が時代の経過とともに変化するなかでの混乱がある。これまでの多様な論議を簡潔に分かりやすく「いじめ観と対処法」の4類型として区別してみよう。タイプⅠ～Ⅳに整理できる。

表2－1 「いじめ観と対処法」の4類型

〔タイプⅠ：傍観者的〕

　いじめは日常的に見られる行動であり，「いじめっ子」と「いじめられっ子」の双方を同時に注意し，今後は仲良くするようにと働きかけるタイプである。双方を傍観者のような立場で見ており，外面の行動しか眼に入っていない。1980年代はそうした傾向が強い時期であった。

〔タイプⅡ：加害・被害関係認識－隠蔽的〕

　1990年代に入ると，いじめは加害者と被害者との関係だという認識が生まれ，あくまで加害者に非があることを認識しながら，それだからこそ，介入は厄介だと深く立ち入ることを躊躇し，いじめの事実から眼を逸らし，結果として「隠蔽」してしまうようなタイプである。「わが校にいじめはありません」と誇らしく言う校長や教員の言い方は，単に理想レベルのことを現実認識にすり替えて言っているに過ぎない。

　序章で述べたように，「いじめ問題」は英語で「bully/victim problems」で，いじめる加害者と犠牲者を意味しており，明らかに加害－被害関係で捉える用語となっているから，日本語「いじめ」はそうした関係を直接的に説明しておらず，曖昧であることが分かる。

〔タイプⅢ：加害・被害関係認識－管理主義的〕

　2000年代になると，「いじめの根絶」をめざして，徹底的に介入して取り

締まるようなタイプが出現する。しかし，そうした取組みは，いじめがないか
どうか子どもたちの動きに四六時中眼を配ることになり，管理主義的な児童生
徒指導になりかねない。そのような眼で見張られていたら，子どもたちは自由
に活動することができず，友人同士で単なるふざけ合いもできず，学校内で児
童生徒は萎縮してしまうことにもなりかねない。

〔タイプⅣ：加害・被害関係認識－組織的対処〕

　2000年代後半くらいからは，外面よりも内面の苦痛に注目し，それに対応
する学校の基本方針を全教員が確認する動きが出始める。少しでも情報が耳に
はいったら，学年または全教員が情報交換し，ケースによったら「いじめ防止
委員会」に提起して，事実経過を明らかにする。そのつど，ケースに即しなが
ら，保護者などとの連携を通じて対応し，エスカレートしないように防止する
処置を講ずる。もし金銭が動いている気配があれば，警察との協力も取りつけ
るような取組みである。

　以上，おおまかに4タイプを分けてみると，1980年代から90年代
そして2000年代へ経過するにつれて，タイプⅠからⅡ，ⅢそしてⅣへ
と議論の主流が少しずつ移行しているように感じられる。しかし，現在
もなお同時にこれら四つの見方がすべて併存していることが「いじめ観
と対処法」の混乱に拍車をかけている。とりわけ最新のタイプⅣは「防
止対策法」の制定によって確立していくが，それを実行するのは容易で
はない。学校組織として「いじめ防止基本方針」に従って調査や相談に
取組み，問題克服の検証などをしなければならないからである。

　そのために，それほど手間も時間もかからないタイプⅠやⅡが今でも
まだかなりあると感じられる。なかでも1980年代に優勢であったタイ
プⅠは数少なくなったとはいえ，今もなお厳然として存在する。このタ
イプからはいじめのエスカレートが生じやすい。

　この傍観者的な態度による対処法でこれまでよく見られたのは，加害

者と被害者双方を呼んで加害者側に謝らせて，「仲直り」の儀式を通じて諭すような方法である。こうした対処法が，2020年代に入ってからもなお見られることに驚かされる。次の大津市【事案4】でも少し言及するが，そうした対処は陰でいじめをさらに激化させて逆効果である，といういじめ対処の定石すら分かっていないことに唖然とする。教員の世代交代によって，定石の継承すらできておらず，過去の教訓から学ぼうとしない現実がある限り，「防止対策法」が制定されてもいじめ問題は解決しないだろう。

　さらに，仮にいじめ論議が盛んになったとしても，4タイプが併存するようでは，議論すればするほど混乱し，対処法もちぐはぐになって収斂しないまま，問題解決は前進しない。自分はどのタイプで発想しているかについて，他者との議論を通じて自覚しながら，議論を通じてタイプの違いを明らかにしていくことがまず必要である。最終目標はタイプIVになろうが，ではどのように発想を変えていくか，教員と保護者，児童生徒が学校いじめに対峙する発想法について，学校全体で意思統一を図ることが先決である。

「いじめ認知件数」調査での「認知」の意味

　さて，1985年度から文科（部）省が統計を取り始めた「いじめ認知件数」調査は，学校種別・学年別・自治体別・認知された学校数などのデータも公表されていて，詳細な統計である。ただし，「認知」が何を意味しているのか，序章で少し触れたが，ここで再検討しておこう。「認知」の仕方によって，「いじめ観と対処法」も異なってくると考えられるからである。

　先ず，指摘しておきたいことが四つある。

　(1)　「いじめ認知件数」統計は毎年度発表されているが，統計と言っても調査時期によって対象学校種やいじめ基準が異なるので，時系列比較が可能な教育調査データとはなっていない。調査が開始されて以降，

奇妙なほどいじめ認知件数の増加と減少の波が何度も繰り返されてきた。その理由は明らかで，いじめ自死などが大きく報道されて対策強化が叫ばれた後では認知件数が増え，いじめ問題が話題にならなくなる時期には認知件数が減少するのである。つまり「認知件数」は，「いじめの実態」ではなく，いじめに関心が向かう年度とそうでない年度の違いが表されており，「学校の向き合い方の意識」を示していて，学校の「いじめ観」を暗示してもいる。

　(2)　「認知件数」統計方法であるが，クラス担任や教科・学年の教員，養護教諭などによる「認知」の場合をはじめ，児童生徒や保護者から相談があった場合，そして現在では定期的なアンケート調査が各学校で普及してきていて，それも児童生徒自身の「認知」である。そうした「認知」結果が集計されて，学校から教育委員会を通じて文科（部）省に報告されるのが「いじめ認知件数」データである。したがって，そのデータには関係者の主観的な判断が入り込んでいるだろうから，学校や地域によってデータにばらつきがあるのも当然である。

　(3)　調査が開始された1980年代半ばから2010年代初頭にかけて25年間の件数の増減の波を眺めると，数字の変化が語る意味が浮かび上がる。すなわち「いじめ件数は少ない方が良く，明白な大きないじめは別にして，小さなものまで細かく調べる必要はない」といった学校の暗黙の「いじめ観」が反映しているように思われる。

　(4)　ところが，2011年度から一定の件数増加が毎年度（コロナ渦の2020年度は除き）続いていることは「いじめ観」に変化が生じているように感じられる。つまり，「いじめは克服すべき教育課題であり（「あそび」と「いじめ」の境界事例も含めて）細かく丁寧に調べて報告する」方向が現れてきたと考えられる。文科省もそうした入念な調査をするようにと教育委員会と学校へ指示をしているので，これは新たな段階に入ったと言える。

以上4点を踏まえたうえで，「いじめ認知件数」調査の新たな段階では「細かく丁寧に調べ」る作業が要請されるようになった。そこで，これまでのように主観的側面もある「認知」で止まっているわけにはいかない。「認知」から始まって，客観的で組織的検討を経た「認識」へと高めていくことが求められている。「認知」と「認識」は似たことばであるが，ここでは意味が違う用語法として区別して使用する。

　多くの学校で児童生徒対象のアンケート調査が定期的に実施されるようになったことに示されるように，いじめ把握が部分的・断片的「認知」から，「いじめ防止委員会」を核にした学校組織的・包括的「認識」へと移行していることが現れつつある。

　つまり，個人的で感覚的な「認知」でなく，関係する者たちの証言や記録によって客観的で多角的な総合的検討を経た「認識」に基づき，学校が児童生徒や保護者とどのように連携しながら，いかなるいじめ対策と防止をはかっていくかの方向性も打ち出せるような内容を含む包括的認識である。アンケート調査結果も「いじめ防止委員会」で多角的に検証する大切な資料として入念に扱われる。

　もしも，その「アンケート調査」結果が十分に読まれずに重要な回答が見落とされたり，あるいは実施しただけの調査票が倉庫にしまわれたままといった状態だと，その学校は新たな段階どころか，古い段階で止まっているに等しい。形式的な「いじめ防止委員会」設置と同じく，形式的な「アンケート調査」実施をしているだけで，いじめ問題対処をしている姿を形式的に見せているに過ぎない。そういう学校から深刻ないじめ事件が発生する事例はこれまで全国で見られる。

3　「価値判断を先行」させる学校組織の性癖

　社会問題化の過程で「いじめ観」を密かに支配してきた，ある価値観

に触れておこう。言うまでもなく「いじめは悪」の価値判断は正しい。しかし，周囲がいじめだと指摘しているにもかかわらず，教員・学校・教育委員会の一部に，単なる遊び・ふざけ・からかい程度だとあえて判断する特異な思考回路が見られることに注目したいからである。

　しかもこの思考回路は過去の多くの事案に見られ，現在もなお部分的に存在していることを見落とせない。この不自然な思考判断回路の奥に一体何があるのかという疑問が浮かぶ。

　そこで，いじめの価値判断をめぐって，「調査検証」思考と「価値判断固執」思考という二つの相異なる思考回路を区分してみたい。表2－2に示すように，これら二つの区分を単純化したモデルとして提示する理由は「いじめ観」と「いじめ対策」について，さらに細部にわたって検討する手がかりになると考えるからである。

表2－2　いじめの価値判断に関する思考回路

「調査検証」思考回路 　いじめは悪⇨それはどんないじめで，いかなる状況にあるかを<u>学校組織全体で調べる</u>⇨いじめを克服するために具体的な対処法を<u>学校組織全体で検討する</u>⇨学校組織全体の役割分担に従って対処法を実践する⇨未然防止策についても学校組織全体で検討する⇨「いじめは悪」の価値判断に基づく課題を克服する 「価値判断固執」思考回路 　いじめは悪⇨<u>安全で楽しいはずの学校でいじめはあってはならない</u>⇨<u>いじめがあっては本校の恥となり，教員や管理職の責任も問われる</u>⇨事象はいじめでなく，からかいやふざけ程度だと見なす⇨いじめの現実は無くなる〔⇨いじめのエスカレートの危険性が高まる⇨「いじめは悪」の価値判断に基づく課題を克服できない〕

（下線は相違を比較するための強調）

(1)　二つの思考回路の特徴

　1）　これら二つはごく一般化されたモデルであり，実際には両モデルが複雑に絡み合うような思考が取られる現実があるだろう。発生したいじめ事案の内容によって，また毎春の教員人事異動による学校組織体制の変化によって，各学校で各思考回路が一貫しているとは限らず，両モデルが置き換わるような思考がはたらくこともある。

　2）　両モデルは「いじめは悪」という価値判断からスタートする点では共通する。相違は，「調査検証」思考回路ではその後に学校組織による状況調査に入るのに対して，「価値判断固執」思考回路では価値判断を先行させたまま，状況調査をおこなわないで，事象をいじめだと判断しないことである。その結果，いじめのエスカレートをもたらし，最悪の悲劇を避けられなくなる危険性が高くなる。

　3）　2010年代以降になると，いじめ認知件数は増加傾向が続いているが，文科省データによれば，そのうち全学校で7割以上は「いじめの解消」（いじめ行為と被害者の苦痛の解消）に至っており，取組中のケースは2割以上となっている[3]。「いじめの解消」事案のなかには「調査検証」思考回路による取組みが多いと考えられる。

(2)　「価値判断固執」思考回路の問題性

　1）　そこで，問題となるのは「価値判断固執」思考回路である。「価値判断の先行」には，学校が暗黙の内に帯びる，ある原理が影響を及ぼしているのではないかと思われる。その原理とは，学校がもともと「価値を核にして動く組織」だということである。たとえば，目標に向けた学習と成績，望ましい生活行動スタイルを指導するなど全てに価値が関わる。従って，価値判断で咄嗟に反応する思考・行動様式が学校や教育委員会のなかに根付いていると考えても無理はないだろう。それは組織成員にとって無意識に浸透する組織文化のようなもので，対象化して意識化しない限り逃れられない性格を有すると考える。組織成員は価値に

従って正しいことをしている，と深く考えることなく表明している。「本校には悪であるいじめは存在しない」と。そのように絶対的で固定した考えを持つのは，価値を思考・行動の核とする学校組織が表出する，いわば「性癖」と言ってよい。

ところが，いじめがエスカレートして周囲から強く批判されるようになると，何ヵ月，何年も経てから「判断が甘かった，不適切だった」と校長や教育委員会が釈明する。こんなケースが 1980 年代から今日まで何度繰り返されてきたことだろう。それだけ無意識の内に学校組織に根ざす「価値判断固執」思考回路は強固である，と考えられる。

学校や教育委員会の「隠蔽体質」は 1979 年の林賢一君事件（上福岡市【事案 1】）から見られ，今もなおそうした体質が無くなっているわけではない。それは学校組織が「隠蔽しよう」と意図的に行動しているというよりも，価値を核とする学校組織の思考・行動様式に従う「価値判断固執」思考回路に暗黙の内に支配されがちで，その結果として学校組織を自己防衛する「隠蔽」に陥ってしまうのだと考えられる。

(3)　組織・隠蔽・危機管理

もちろん，「隠蔽」はなにも学校に限らない。企業をはじめ官公庁や警察・病院・原子力発電所など，すべての組織でこれまで指摘され，メディアで大きく報道されてきた。組織悪とも言うべき組織の自己防衛の出現である。

しかし，「隠蔽」はその組織に対する社会の信頼を失い，結局は組織の自己防衛に失敗してしまうから，近年では不祥事をありのままに公表して謝罪し，経緯を明らかにして原因究明に努め，再発予防を公表することで信頼回復を得る方策が組織の「危機管理」にとって中心的で重要な方法として採られるようになってきた。

状況の客観的調査を通じて，緊急事態に直面した対処と今後の予防のための具体的措置を公表するという流れは，「調査検証」思考回路に似

ている。つまり，「調査検証」思考回路は学校組織の「危機管理」として捉え直すことができる。いじめの事実を学校の教育課題として正面から受け止め，学校組織全体として広く客観的に状況調査をおこなって，具体的な対処法と予防対策を内外に公表することである。そうした措置を取ることでこそ，「いじめは悪」という価値判断からくる現実の課題を達成できる。

　ところが，学校はそうした「危機管理」にまだ慣れていないことと，「学校にいじめはあってはならない」という暗黙の前提があり，その「価値判断の先行」が事実を明らかにすることを遮るため，事態を「隠蔽」する結果に陥りがちとなる。そのようないじめ問題への対応が社会からの学校批判を強めて泥沼状態に陥る。そうした事態が，この45年間に何度も繰り返されてきたことは，全国各地で生じたいじめ諸事案に示されている通りである。

(4)　価値判断の強化と固執

　個人的な印象の範囲内ではあるが，「いじめは悪」という価値判断が「防止対策法」制定以降に特に強くなっているように感じられる。それまでにも文科（部）省や教育委員会から各学校へ通達が繰り返し出されて，「いじめは許されない行為である」と何度も強調されてきた。それが法律によって「いじめの禁止」（「防止対策法」[第4条]）が明確に規定される以上，価値判断が強固になるのも当然の流れであろう。

　こうして価値判断が強固になることで，本来なら「調査検証」思考回路が広がるはずなのに，他方で「価値判断固執」思考回路が強くなるという逆説にも目を向けるべきだろう。多くの学校が「いじめ問題に正面から丁寧に取組む」ようになった一方では，一部の学校や教育委員会ではいじめについて「いじめと見なさない」と咄嗟に判断するケースが出てくる。「法律で禁止されるほどの悪であるいじめが，本校（あるいは教育委員会の管轄諸学校）にあってはならぬ」という無意識の価値判断

であり，生理的な反応の如く瞬間的に下されたとしか思えないケースである。

　議論はすでに「防止対策法」制定前後の流れに入っており，「防止対策法」がどのように制定されて，法の下でいじめ問題への対峙がどのように展開しているか，を述べていきたいところではあるが，その前に第１章で論じた「学校いじめ」に関する世界の動向の続きとして，「反いじめ」の取組みに関する海外と日本の動向に眼を向けておきたい。

4　海外と日本の「反いじめ」の取組み

　「学校いじめ」の検討は，単に実態解明に止まらず，必ずその問題解決のための処方箋の検討に至る実践的な内容となる。第１章で紹介した中国の論文の知見⑤で使われた「反いじめ」は，英語で anti-bullying（または stop-bullying）と表し，英語圏の国々で共通語である。このキーワードでネット検索すると，すべて英語による実に多くの広報動画，短い啓発記事，書籍案内などがヒットする。

　では問題解決に向けた実践をどのように推進しているか，関連する英語文献を材料に各国の取組みを細かく検討する方法もあるが，ここでは『反いじめハンドブック』（2000 年）と題された英語のハンディな本で，増刷もされていて定評ある一冊に焦点を合せたい[4]。「反いじめ」に関するあらゆる論点を体系的に理論化しつつ鋭い洞察を展開しているだけに，現代の日本にとって大いに啓発されると評価できるからである。

「反いじめ」のスクール・マネジメント

　書名からしても，全 250 頁というコンパクトな造本からしても，日本なら通俗的な一般書のイメージである。ところが，オックスフォード大学出版局から 2000 年に刊行されて，「反いじめ」に関する実践課題

が権威ある学術書として扱われるという意外なイメージが印象的である。そこで，その内容を要約しながら，日本の実情に照らして何が言えるか，について検討してみたい。

この本の特徴は，「反いじめ」を単に「いじめ」問題に限って議論するのではなく「スクール・マネジメント」全体に関わる視点から検討している点である。序章で述べたように，日常的業務を指して「学校経営」と呼ぶ場合には，主に校長の役割遂行を指すものとして理解される。ただし，非日常的な危機管理を含む場合には，学校を「組織」として捉え直し，校長だけでなく教員すべて，児童生徒，保護者，地域住民も含む学校の組織活動全体を多角的に分析する必要がある。その場合には日本語の「学校経営」ではなく，英語のカタカナ表現として「スクール・マネジメント」と強調する方が分かりやすい。

そうした立場から，『反いじめハンドブック』の中心は「学校いじめ問題」を検討していく際の基本的な「枠組み」である。日本の「学校いじめ」論議ではこうした幅広い枠組みはまったく念頭に置かれていないので，要約して紹介する。すると，日本の実情の特徴が自ずと浮かび上がる。

「反いじめ」対策・予防の枠組み

「枠組み」は二つの視点から成る。一つは〔A〕学校の取組みを抽象的な内容から具体的な内容へと3つのレベルに分ける。次に3つのレベルに沿って，〔B〕異なる特質をもつ3つの学校のモデル分けをする。

(1) まず，「反いじめ」に向けた学校の取組みの3レベルで中核となるのは「学校の哲学 philosophy」である。「哲学」では分かりにくいから，意訳すると「学校全体を貫く教育の原理」と言えよう。次にその原理から導かれる「学校いじめに対峙する政策」である。「政策 policy」は，断片的・一時的な「対策 measure」ではなくて，一定の基本方針に基づ

く体系的・長期的な組織的介入を意味しており，ここでは国家でなく，学校の政策を指すから「学校基本指針」の意味だと理解できる。

〔A−1〕学校の哲学（school philosophy）：「反いじめ」を実現するためには，教員だけでなく生徒，保護者全体の学校共同体として，「反いじめ」の明確な価値観と信念にあふれていることが不可欠である。確固とした精神的な原理がないと，「反いじめ」の「政策」や「具体的プログラム」を作り出すことはできない。

〔A−2〕学校いじめに対峙する基本方針（school bullying policy）：学校の基本方針としては，いじめ調査を実施して，その性質と内容に関する情報を提供する。そして，その情報から「反いじめ」に向けた基本方針の要綱文を作成する。その要綱文は中核となる「反いじめ」の原理としての価値観と信念に立ち戻って適切か否かが検証される。

〔A−3〕「反いじめ」の具体的プログラム（school anti-bullying programs）：いじめの「防止」と「介入」のための諸種の戦略を駆使する。学校の仲間に適用される戦略として，仲間づくり・相談・カウンセリング・調停である。戦略の実行結果をレポートにまとめ，「反いじめ委員会」に提出して討議する。平和な学校に向けたスクール・マネジメントにとって，種々の戦略がいかに効果的かを評価し，「反いじめ」の具体的プログラムをどのように維持・継続していくか検討する。

（2）次に，「反いじめ」の実際の取組みが異なる学校の種別である。レベルごとに整理されて三つの学校モデルが抽出される。もちろん，これらはモデルとしての学校タイプで，実際の学校は各タイプの境界に位置する場合もあるだろう。次に三つのタイプを並べる。

〔B−i〕機能しない学校（the dysfunctional school）：「学校の哲学」が明確でなく，また優先されてもいない。校区の家庭にはアルコール・薬物の中毒や，失業，犯罪行為が多くて，学校では教員に対する暴力や窃盗，器物破壊，無断欠席などが生じている。それらの対応に追われて，

「反いじめ」方針の要綱文を書く余裕もなく，「防止」「介入」のための諸種の戦略も一時的にしか働かない。

〔B－ⅱ〕葛藤する学校（the conflicted school）：このタイプの学校はかなりある。教員スタッフ間での見解の相違があり，校長が「いじめは子どもの性格が原因で，いじめ問題は本校に存在しない」と考えているのに対し，他の教員はいじめ問題があるので何かしないといけないと考えている。こうした不統一状況では，「反いじめ」の取組みは弱体化する。いじめに対峙する基本方針を教員集団が認めても，具体的な具体的プログラムは承認しないというように。

〔B－ⅲ〕安全な学校（the safe school）：いじめから安全であり，すべての生徒の可能性を発揮できる学校全体を貫く哲学に支えられている。学校行政職員・教員・生徒・保護者・地域住民すべてが，綱領文やプログラム作成の段階から議論に参加しているので，学校の哲学は明確であり，「反いじめ」が他の学校運営の諸方針と関連する点についてもよく練られた文章である。具体的なプログラムも，「反いじめ」の実践チームに即しながら適切に選択されている。

以上紹介してきた内容を，私なりに簡単に見やすくまとめると表2－3のようになる。

表2−3　「反いじめ」の取組みレベルと学校類型

A　取組みレベル　＼　B　学校類型	ⅰ　機能しない学校	ⅱ　葛藤する学校	ⅲ　安全な学校
1　学校の哲学	明確でなく，優先的でもない。	一応は整っているが，「政策」や「プログラム」とは結びつかない部分がある。	明確な価値観と信念に貫かれた「いじめからの安全」の表明。
2　学校いじめに対峙する基本方針	「反いじめ」の要綱文が準備できない。	教員間での意見の相違がある。	学校の全構成員が参加して要綱文の議論をする。
3　「反いじめ」の具体的プログラム	戦略的なプログラムも持続しない。	教員間でプログラムに関する同意が得られない。	「反いじめ」実践チームに相応しいプログラムが選択されている。

K.Sullivan, *The anti-bullying handbook*, Oxford Univ. Press, 2000，Part2，より筆者の今津が整理して作成

いじめから解き放たれる学校

　以上のように概要を紹介した『反いじめハンドブック』とほぼ同時期に，英国で3人の著者による『いじめから解き放たれる学校に向けて』（1998年）が刊行された[5]。

　日本では西尾市【事案3】（1994年）をきっかけに，いじめがいっそう深刻な社会問題として大きく騒がれていた時期の4〜5年後には，海外ですでに問題解決に向けた「反いじめ」や「いじめからの解放」をテーマにした調査研究の成果がまとめられて出版されている。いじめ問題への意識と問題解決に向けた実践的取組みに関して，日本と海外（英国）との間にはかなりの落差があったと感じざるを得ない。

　『反いじめハンドブック』がいじめ問題克服の理論的枠組を提起しているとすれば，『いじめから解き放たれる学校に向けて』は，取組みを

通じて観察できる学校全体の実態をさまざまな側面から分析したもので，表2－3「iii安全な学校」をさらに詳しく検討する内容に相当する。

それにしても，「いじめ（行為）から解き放たれる（自由な）bully-free」という表現は，日本で馴染み深い表現「いじめの根絶，いじめゼロ」とはニュアンスが違うように感じられる。「いじめの根絶 eradication of bullying」は，とにかくいじめを根こそぎにするという直截的で主観的な表現である。これに対して「いじめから解き放たれる bully-free」は，「学校いじめ」のメカニズムを適切に理解し，「反いじめ」の取組みを通じた学校安全を目指すことで，いじめ問題に振り回されず，不安に感じることは無い，という客観的で幅広い把握であると理解できる。ではこの英国で刊行された調査報告である本の概要を眺めよう。

英国の25中等学校でのインタビュー調査による検討対象の中心は，反いじめの取組みを通して浮かび上がる「学校文化 school culture」の現実である。「学校文化」とは，当該学校の教員・生徒・保護者など組織構成員の意識や価値判断，行動様式の総体を指す。従って検討されるのは，いじめ行為の具体的場面というよりも，広く教師－生徒間の望ましい関係も含めた教室や学校全体の組織風土であり，学校安全の気風が育っているかどうかである。それだけに，この本の「序章」は「安全の感覚 feelings of security」と章題が付けられている。

英国の多くの学校でいじめ防止の学校基本方針が文書化されるようになったのは1990年以降である。日本ではそれから10年近く遅れて，1990年代末頃から全国のいくつかの学校が独自に基本方針を作成し始めた。2004年に文科省が指導通知を出してからは，全国の学校がいじめ防止基本方針を策定するようになり，「防止対策法」制定後は基本方針の策定が確立した。ただし，日本での方針策定は形式的に整えるだけといった傾向が強く，スクール・マネジメント全体といかに結びつくかといった実践意識はまだ弱かったと言える。それは英国での「反いじめ」

の取組みと学校文化との関係という視点の強さを見ればよく分かる。

英国の一つの中等学校のいじめ防止基本方針を紹介する。

表2－4　いじめ防止政策（基本方針）英国G中等学校（1998年）[6]

目的：いじめは言語的に身体的に共に許されない。生徒は学習を効果的に進めるために，安全で幸せで友好的な環境を求めている。それに対して，いじめは故意に他者を身体的・精神的に傷つけようとし，あるいはストレスの下に置こうとする。そこで，いじめは以下のように扱われなければならない。

　・いじめは具体的にいかなる具体的行為なのかについて，生徒に知らしめる。

　・生徒の基本的な権利と義務について改めて確認させる。

　・生徒の権利が脅かされたときに援助を求める方法を，生徒に知らしめる。

　・生徒同士が助け合い，尊敬し合えるように力づける。

　・保護者に対して，子どもたちが抱え込んだ諸問題について討議するように要請する。…以下略…

この防止基本方針に見られる三つの特徴を指摘したい。

①　「生徒は学習を効果的に進めるために，安全で幸せで友好的な環境を求めている」の箇所で，いじめは教科学習を阻害すると認識されていること。また「安全で幸せで友好的な環境」を実現するという部分は，「安全」を最重視しながら，いじめ防止だけに絞らずに，スクール・マネジメントの目標全体を示している。

②　「生徒の権利が脅かされたら，援助を求める方法を生徒に知らしめる」の箇所で，「援助を求める方法」を生徒が知っている点は重要で

ある。それは単に「教師や友人に伝えることが可能」という次元でなく，伝えたら確実に援助されるという学校組織の確かな仕組みに根差していることを指している。そうすると，たとえいじめを受けても心配の度合いは少なく，それが「安全の感覚」になるだろうからである。

　③　「保護者に対して，子どもたちが抱え込んだ諸問題について討議するように要請する」の箇所で，保護者との連携が重視されている点も，スクール・マネジメントに関わる。

　もちろん，基本方針に謳われてはいても，それらが学校構成員それぞれにどのように理解され，学校やクラスとしてどこまで具体的に実践されているかは教員の世代ごとに，そして教室ごとに異なっており，それが「学校文化」の多様性となる[7]。

日本の「反いじめ」学校哲学・政策・具体的プログラムの特徴

　さて，海外の「反いじめの枠組み」や「反いじめ」による「学校文化」について紹介してきたのは，日本の取組みの特徴を自覚するためである。表2－4に掲げた英国中等学校のいじめ防止基本方針の一例と比較するために，日本のある中学校の一事例を当該中学校のウェブページの冒頭から引用する。英国と日本で各1校のみの事例であり，背景となる時代も異なるので厳密な比較にならないが，両国のいじめ対応に関する文化的相違を知る手がかりにはなるだろう。

表2－5　いじめ防止基本方針　日本Ｈ中学校（2023年度）

基本理念
　いじめは，いじめを受けた児童生徒の教育を受ける権利を著しく侵害し，その心身の健全な成長及び人格の形成に重大な影響を与えるのみならず，その生命又は身体に重大な危険を生じさせるおそれがある。

> 　本校は，上記のことを踏まえ，また，本市学校努力目標である「ともに学び，自分らしく生きる」の実現を目指して，以下の点を旨としていじめの防止等のための対策を行う。
>
> 　いじめは，全ての児童生徒に関係する問題である。いじめの防止等の対策は，全ての児童生が安心して学校生活を送り，様々な活動に取組むことができるよう，学校の内外を問わず，いじめが行われなくなるようにすることを旨として行われなければならない。　また，全ての児童生徒がいじめを行わず，いじめを認識しながら放置することがあってはならない。そのためにいじめの防止等の対策は，いじめが，いじめられた児童生徒の心身に深刻な影響を及ぼす許されない行為であることについて，児童生徒が十分に理解できるようにする　ことを旨としなければならない。…以下略…

　この基本理念に続き，校内体制，教職員の心構え，未然防止の取組（授業づくり，キャリア教育，道徳教育，人権教育，集団づくり，教育相談，早期発見など）が網羅的に述べられているが，文体は「基本理念」と同じく一般的・抽象的である。英国の事例と比べると以下を指摘できる。

　①　格調高い表現ではあるが，抽象的・一般的過ぎる堅い文章になっている。「防止対策法」（2013年）第1章からの引用が多用されているからだろうが，具体的に学校やクラスで，教員や生徒はどのように行動するかを具体的に示す内容とは言いにくい。果たしてこの「基本理念」で，教員・生徒・保護者は身近な課題として気軽に理解できるだろうか。

　②　以下に省略した箇所で「教育委員会・学校・家庭・地域・その他の関係者の連携の下，いじめ問題を克服する」との文言が出てくるが，諸機関を並列しただけで，特に海外（英国）の事例のように「保護者の討議を要請する」と言った具体的な行動まで踏み込んでいるわけではない。

　③　省略した箇所で「いじめを受けた児童生徒の生命・心身を保護することが特に重要」との文言が出てくるが，「保護する」方法の具体性

に欠ける。被害の実態を気軽に訴えられるような，教員や生徒の意識づくり，学校内組織や風土づくりというスクール・マネジメントに関わる内容が求められる。

　次に，この一つの事例だけでなく，東海地域の公立・私立の小・中・高校学校全30校ほどのウェブページにアップされた「いじめ防止基本方針」を眺めると，教育委員会が参考例として基本方針を示していることもあって，およそ似たような文章が掲げられている。そこで，「反いじめ」の基本方針の全体的な特徴を表2－3の三つの取組みレベルに沿いながら，ごく大まかに指摘していこう。

　1）「学校の哲学」レベル：各学校のウェブページの冒頭には「教育目標」が掲げられているが，「いじめ防止基本方針」とは別の一般的な文章が掲げられる。たとえば「自分らしさを発揮して学ぼうとする態度を養い，自他のいのちを大切にして運動に親しむ生活を送ろうとする態度の養成」などの広範な内容であり，「反いじめの学校の哲学」の文脈に密着しているわけではない。そこで，「安全と健康」に言及する「教育目標」なら，いじめ問題と結びついてくるだろう。

　「安全な学校」で強調される「いじめからの安全 safe from bullying」は重要な文言として念頭に置きたい。なぜなら，日本では「いじめは人権侵害」「いじめを許さない」「いじめ防止」を一般的な用語として使うが，それらは「いじめ否定」の結論を直截に表現しているに止まる。それに対して「いじめからの安全」には3つの含意があると考えられるから，「反いじめ」の取組みが豊かになると考える。

　①　「学校の哲学」では「安全」が優先される。

　②　よって，安全な学校を実現するための明確な綱領と具体的な実践プログラムが積極的に展開されたら，いじめ問題は少なくなると期待される。

　③　にもかかわらず，もしいじめに直面したら，被害の実情を直ぐに

教員・生徒・保護者の誰かに伝えると、直ぐにサポートしてくれる人的制度や相談体制などの学校環境が整っている。

　これらの含意のうち、大切なのは③であろう。被害を気軽に言えない、言えば余計にいじめがひどくなる、という現実がまかり通るなら、それも「機能しない学校」に入ると言えるからである。学校外部の各種相談機関（電話・メールなど）は増えているが、やはり学校の相談体制の確立が本筋である。

　2）「学校いじめに対峙する基本方針」レベル：どの学校の「いじめ防止基本方針」でも強調しているのは、「いじめ防止委員会」の設置である。「防止対策法」で規定されているから当然ではある。では実態はどうかといえば、私が見聞きした範囲でも、いろんなケースがある。形式上設置されているけれども、実際にはほとんど開かれておらず、仮に開かれても短時間で終わり、議事録も無い。むしろいじめ関連事案は恒常的に開かれる「生徒指導委員会」で他の案件と併せて手短に処理されている程度である。それにいじめ案件の「対策」と、未然防止のための「予防」活動とは別個に捉えられていて、学校内の実際の事案とは関係づけられていない、というように。これらすべての実態が語るのは、いじめ問題を実は正面から受け止めていないのではないかという危惧である。

　3）「具体的なプログラム」レベル：「道徳」の授業でいじめ問題を取上げたり、クラス会で話題にしたり、定期アンケートや相談活動の実施など、種々の取組みはなされている。しかし「学校の哲学」を実現させるための明確なプログラムとして統一的にまとまって展開されているわけではない。つまり、それらの個々の取組みが「学校の哲学」の観点から効果をどのように評価できるか、その評価に基づいてプログラムをいかに改善していくか、といった自己評価を含む体系的な実践に統一されていない、というように。

「学校いじめ」に対する日本での生徒独自の取組み

　日本の全体的特徴について，批判的に眺めすぎたかもしれない。もちろん日本の学校教員は，授業やクラス会，それ以外の休み時間や放課後に児童生徒との個別の話し合いを通じて，「反いじめ」を話題にしている。またスクールカウンセラーや養護教諭も，あるいは最近ではスクールロイヤーが導入される学校もあり，日常的に「反いじめ」の取組みに努力している。そして「反いじめ」の「標語の募集」とか，「ポスターを作成」して掲示板に貼り出すといった細かな取組みも珍しくない。あるいは「いじめ自死」事案に向き合った学校では，その後にいじめ問題を観察し相談相手となる専門の担当教員を配置しているケースもある。

　さらに，それらとは違った「反いじめ」の独自の取組みについて触れておこう。学校がサポートしながらも，生徒が独自に自発的に取組む活動である。「学校いじめ」は児童生徒の間で生じる問題であるから，かれらが自らの課題としていじめの加害・被害を自覚し，「反いじめ」に向けて立ち上がる姿がもっとも相応しいと言えよう。ただ，学校や教員側からの「反いじめ」の取組みが多いことに対して，生徒自身の側からの活動は「反いじめ」の具体的プログラムの一環に位置付けてよいユニークなものである。

　生徒による取組みは，いじめ自死が全国で相次ぎ，いじめ問題が社会問題として再び大きな議論になった2000年代半ばに，全国的に見られた。この時期にはいじめをめぐって特に緊張が走った出来事があった。2006年11月に，「いじめ自殺予告」の手紙が文科大臣に届き，当時の伊吹文明大臣がその応答文を全国に向けて広報するという異例の措置を取ったことである[8]。

　この大きな出来事は社会全体が「反いじめ」への関心を高める結果となった。文章の最後にある「きっとみんなが助けてくれる」という応答

は，先ほどの「反いじめ」に向けた取組みの枠組みから言えば，文科大臣から生徒への特別の助言というレベルを超えて，「反いじめ」の学校類型に当てはめれば，「安全な学校」を目指すという趣旨に連なるものだと言えよう。

　未来のある君たちへ　弱いたちばの友だちや同級生をいじめるのは，はずかしいこと。仲間といっしょに友だちをいじめるのは，ひきょうなこと。君たちもいじめられるたちばになることもあるんだよ。後になって，なぜあんなはずかしいことをしたのだろう，ばかだったなあと思うより，今，やっているいじめをすぐにやめよう。いじめられて苦しんでいる君は，けっして一人ぼっちじゃないんだよ。…中略…だれにでもいいから，はずかしがらず，一人でくるしまず，いじめられていることを話すゆうきをもとう。話せば楽になるからね。きっとみんなが助けてくれる。
　平成十八年十一月十七日　　　　　　　　文部科学大臣　伊吹文明

　2000年代半ばは，社会全体に「反いじめ」に向けた緊張感が高まった時期だったからだろうか，全国各地のいくつかの中学校で，生徒による取組みが自然発生的に見られた。生徒会を中心に生徒が自発的に「反いじめ」の宣言文を作成したり，生徒会総会やクラス会で「反いじめ」の発表会などを開くことがそれぞれ別個に取組まれ，メディアでも報道された。それらには共通した性格があるように感じられる。
　①　生徒主体であり，教員は背後でサポートするという態勢である。
　②　生徒全体で「反いじめ」の誓いのことばを作成している。
　③　学校全体または学級・学年で集い，集会で各生徒のプレゼンテーションがおこなわれたり，誓いのことばを確認したりしている。
　④　ただし，中心になる学年が卒業すると，そうした取組みや誓いの

ことばが継承されにくいという弱点を抱えている。

　以上のような生徒主体の取組みは，④の弱点を乗り越えながら，今なお各地で続けられている。そのうち全国紙に掲載された最近の事例を紹介する。見出しに「『いじめ絶対なくす』生徒・教員一丸で」とあり，「生徒・教員一丸」という点に特徴がある（「朝日新聞」2023年8月8日付）。

　大阪府南部の公立中学校である。取組みが始まったのは2002年。女子生徒の制服がカッターナイフで切られた事件がきっかけだった。その年から毎年，全校でいじめをなくすための授業や集会が続けられてきた。

　以下は記事からの抜き書きである。

　　5月，「いじめをなくす集会」が，全校生徒を集めて体育館で開かれた。「通路に先生の靴がたくさん並んでいて，車いすで通る人の邪魔になる。これもいじめなんじゃないかな。先生も，靴をげた箱に入れてほしいです。」

　　学校には，車いすを使う生徒がいる。声を上げた生徒会長（3年）に，校長は「すぐに片付けよう」と応じた。生徒会長は1～3年生に呼び掛けた。「本気でいじめをなくすために声を上げて下さい。」
　　…

　「車いすで通る人の邪魔になる」というのはいじめなのか？　と疑問を抱くかもしれないので，少し考えてみたい。

　(1)　これは生徒同士の関係ではなく，先生の行動と生徒の関係もいじめに入るのか。いじめは強者の立場と弱者の立場との関係に生じる。その関係は集団のなかで作られた立場の違いであって，個人の身体や性格，行動力が強者・弱者ということではない。先生と生徒の立場は，制度的な力関係に置かれていることが学校組織の秩序の源泉である。通路に靴を並べるのは先生なら許されるという意識がどこかではたらいていても

不思議ではない。あるいは，すぐさま教室に帰られるように便利な脱ぎ方をしただけと言われるかもしれないが，このケースも広くいじめの仕組みに似た問題として扱ってよいと判断する。

　(2)　もちろん，先生は車いす生徒をいじめようなどと思ってはいない。ただ，そうした主観的意図の有無は問題ではない。問題は，その強者の立場が取った行為が車いすの生徒にとっては通行の邪魔となり，難儀でつらい感情を生じさせたことを理解できているかという点，そして，やはり健常者中心の学校運営で，自分は阻害されたと不愉快な感情を抱くことが理解できているか，という点が問題である。

　(3)　校長が咄嗟に「すぐに片付けよう」と応じたのは，「安全な学校」を創るためのスクール・マネジメントの一環だったと考えることができる。「学校哲学」を実現するために，「生徒・教員一丸」となること。いじめの主観的意図の有無は問わないで，ある行為が相手にどのような感情を生じさせるかに配慮すること。それらがいじめ防止になりうるという基本的考え方が校長の頭のなかにあったに違いない。

　(4)　「本気でいじめをなくすために声をあげてください」という呼びかけは，重要な一言である。従来は，その声を上げたら周囲に心配をかける，自分が劣っているとみじめになる，仕返しをされるなどと感じて声を上げられずにきた場合が多かった。そのために何人の生徒が自死に追い詰められただろうか。重要な課題は，安心して声を上げることができる学校環境を確立することであり，こうした集会を何年も継続することが，安全で安心な環境の確立に寄与するだろう。

生徒による「反いじめ憲章」宣言の実践事例

　さらに，外部の研究者である私自身が，たまたまある中学校に間接的に介入する形を取ることになった具体的な実践事例も報告しておきたい[9]。生徒数約 1000 名，教員数約 40 名（他に非常勤講師約 20 名）の私立女

子中学校である。その中学校の教員から「いじめを認めないという教育が壁にぶつかっている」との悩みが伝えられ，学校長と会って詳しく話を伺うことになった。2007年春のことで，法制化の6年前である。校長から「ここ数年，こんな取組みをしているのですが，うまくいかないのです」と1枚のチラシを渡された。校長から生徒へのメッセージである。

　　先生たちはどんな「いじめ」や「悪ふざけ」も許しません。「いじめ」は絶対に許すことのできない野蛮で卑劣な行為です。いかなる理由があっても「いじめ」が認められたときには先生たちは絶対に許しません。ところが，「いじめ」をしている本人が，そのことに気づいていない場合があります…

　この中学校では，いじめを無くそうと全校をあげて総合的学習の時間やクラス会で，いじめは悪だと教えているし，被害にあったら担任に相談するように指導してきていた。しかし，単なるいやがらせなのかいじめなのか区別がつかないような日常的な問題行動の解決が徹底しないので，歯がゆい思いをしてきた，と校長は率直に語った。

　渡されたメモを見て，私の頭に浮かんだことがあった。「先生たちは…」と主語が教員である。そこで，「主語を生徒たちにして，生徒たちが誓いのことばを自ら書き上げて『反いじめ憲章』を作成してはどうでしょうか」と校長に提案した。この企画は，全国に広がっている生徒による具体的活動の事例の他に，当時の海外文献で流行していた教育に関する根本原理である「生徒中心 student-centered」（伝統的な「教員中心 teacher-centered」からの転換）の考え方が念頭にあった。そして，生徒が作成する文章は，「児童憲章」（1951年）の「児童は…」で始まる全12条のような表現スタイルが浮かんだ。保護者も参加してもらうこ

とが重要では，と付け加えた。早速に私のこの提案が全校に伝えられ，教員・生徒・保護者の三者がそれぞれ組織として検討することになり，いじめ問題に関する「スクール・マネジメント」が問われることになった。

（1）　教員の動きとしては，教員研修会が開かれて「反いじめ憲章」制定の企画はほぼ了承はされたが，その後の職員会議でいくつかの疑問が出されて何回かの討議が続いた。①「反いじめ憲章」の制定は，本校にいじめが多いからだと学校外から疑われないか。②「反いじめ憲章」をどのように生徒に指導していいか分からない。③「反いじめ憲章」は大仰すぎて，もう少し柔らかくて馴染みやすい表現はないだろうか。これらの点をめぐって，教員の意思統一ができない状態が続いた。それこそ「反いじめ」の枠組みの学校類型で言えば，「葛藤する学校」（表2−3）のような状態であった。

（2）　生徒の動きとしては，生徒会で企画がすぐさま合意された。それだけ各生徒はいじめに関心が強いのだろう。生徒独自の「反いじめ憲章」制定と言ってよいほど，生徒会委員が音頭を取り，速やかに作業が進められた。全校生徒一人ひとりがいじめについて言いたいことを短冊に1行書いて生徒会に提出する。約1000枚の短冊を委員たちが内容分類分けをおこない，短い条文の形にまとめていった。それは驚くほど手際のよい作業展開だった。

（3）　保護者の動きとしては，PTA学校役員会が了承し，研修会で生徒の取組みも参考にしながら，PTAクラス委員全員で検討を重ねて了承したうえで，役員を中心に親としての発言を文章案として作成していった。

以上三者の活動の経緯を振り返ると，教員組織の意思統一が長期間なかなかできず，最終的には校長とPTA会長が「反いじめ憲章」を制定するとの決断を下した。「スクール・マネジメント」にとって，組織の長がリーダーシップを発揮する契機となった。こうして「葛藤する学校」

の側面は乗り越えられ,「安全な学校」づくりに向けて本格的に動き出す。

　全国的には,深刻ないじめ事件が生じた後になって,学校が大急ぎで保護者説明会を開くなどの対処になるのが常である。これに対して,「反いじめ憲章」はあくまでいじめの「未然防止を目的にするために平時に全校で取組む」という,あまり例のないプロジェクトである。

　校長から悩みが伝えられてから約10ヵ月経って,完成した「反いじめ憲章」を宣誓する全校集会が開かれた。大ホールに登壇した生徒代表・教員代表・保護者有志が憲章の各部を読み上げて,会場全体の拍手で制定が認められた。最後に校長が締めくくった。「憲章の枠はできましたが,魂を入れるのはこれからです。この憲章を一人ひとりが自分のものとして受け止めてほしいと思います。」

　なお,「反いじめ憲章」の名称はとりあえずの（仮称）とし,親しみやすい（通称）を考案するという「宿題」が残された。まさに「魂を入れる」なかで考え続けることが,逆に「憲章」を生かしていくことになるだろう。学校では毎年生徒が入れ替わるし,教員の異動もある。いじめの防止を目的とするイベントがその時だけで終わってしまっては意義がなくなる。生徒や教員が入れ替わっても「憲章」という文書があるのだから,毎年それを確認し,必要があれば改訂して継承する努力が要請される。そうした継承の努力も,スクール・マネジメントの一環として把握できよう。

　憲章文は前文と全15条の条文から成る。うち生徒向けは7ヶ条,保護者向けは4ヵ条,教員向けは4ヵ条である。その一部を各2項目だけ抜き出す。ごく当然の内容ばかりであるが,憲章文そのものよりも,全校でこの憲章を作るまで長期間にわたる諸経験と,宣誓式までおこなって承認したという点に「反いじめ」に向けた大きな意義がある。そして,この憲章文を学校生活のなかで実際に実現できるかどうかが課題であることは言うまでもない。

反いじめ憲章（仮題）

〈前文〉略

1　わたくしたち生徒は，いじめを「しません」「させません」「見過ごしません」。

2　いじめにあった時，見た時は，誰かに相談し，助けを求めます。

・・・・・・・・・・・・・・・・・

8　私たち保護者は，何気ない会話の中にも，子どもたちの変化を見過ごさないように心がけます。

9　日常のあいさつなど言葉がけを大切に，子どもたちとのかかわり合いをもつよう努力します。

・・・・・・・・・・・・・・・・・

12　わたしたち教員は，よいことと悪いことをしっかりと示すとともに，生徒一人ひとりの気持ちにもしっかりと耳を傾けるように努めます。

13　保護者と教員のつながりをもっと密接にして，子どもの安全・安心に努めます。

第3章

いじめ問題に対処する法律の原理

― 「いじめ防止対策推進法」10 年と「学校危機管理」―

1　法制化に踏み切らせたいじめ自死事案

「緊急提言」（2006 年）を読み解く

　2000 年代に入っても全国各地の小学校や中学校でいじめ自死事件が相次いで生じ，問題解決がいっそう急がれていた。第一次安倍内閣（当時）で設置された「教育再生会議」では，2006 年 11 月の審議開始と同時に「緊急提言」を発表した。この提言は，これまで紹介した「緊急提言」（1985年）および「緊急アピール」（1994 年）と比較して，もっとも厳しい文言に満ちている。

　…学校は，子どもに対し，いじめは反社会的な行為として絶対許されないことであり，かつ，いじめを見て見ぬふりをする者も加害者であることを徹底して指導する…徹底的に調査を行ない，いじめを絶対に許さない姿勢を学校全体に示す。学校は，問題を起こす子どもに対して，指導，懲戒の基準を明確にし，毅然とした対応を取る…（2006 年 11 月，「日本教育新聞」2006 年 12 月 4 日付）

　この提言の「絶対」とか「徹底」，「毅然」といった文言表現では，感情的な掛け声が声高に叫ばれているかのようである。その強い語調は，いじめ問題を客観的に捉え，原因を細かく調べ，学校組織全体としていかに対処して，防止策を具体的に練り上げていくという冷静で着実な姿勢の表現とは異なる。もしかして，政府自体が問題解決に向けてかなり追い込まれているのではないかと思わせるような文体である。「学校いじめ」による最悪の結果としての生徒の自死は，学校に対する国民の不信感を高め，学校制度そのものの根底さえ揺るがすといった不安感ないし危機感を政府や文科省，国会議員が密かに感じるまでに至ったのではないか，とさえ感じさせる。

　ただし，こうした強い語調に引きずられて，学校や教育委員会も追い込まれていっては，冷静な「調査検証」思考回路よりも無意識に流される「価値判断固執」思考回路へと，気づかないうちに絡め取られる危険性が高まりそうである（表2－2）。政府が一方的に声高に檄を飛ばしても，学校現場にはかえって伝わらず，問題解決にとって決してプラスとはならない。

　事実，緊急提言から5年後に，次の大津市【事案4】が発生し，国会が慌てる事態となった。一つの事案だけ見て言うのは早計かもしれない。しかし，この緊急提言の強い意思は受け止めるにしても，やはりこの間のいじめ対策諸措置が効果を発揮できなかったゆえの事案の発生，と言わざるを得ない。

　たしかに，2000年代末には，国会でも何らかの法律を…といった動きが出始めていたのではないかと想像する。ただ，いじめ問題は本来なら教育の場である学校や教育委員会で解決すべき案件だと，国会は抑えていたのではないか。ところが抑えられなくなったきっかけがこの事案である。当該の学校と教育委員会がどれだけ大きな構造的問題を抱えているかを如実に見せつけるケースだったからである。国会はついに議員

立法に向けて走り出した。

事案4 滋賀県大津市・中学2年生（2011年）

　この事案の全貌については，地元に近い新聞社取材班の克明な記録（共同通信大阪社会部『大津中2いじめ自殺－学校はなぜ目を背けたのか－』），および就任早々に降りかかったいじめ問題の解決に向けて，全面的に対峙した当時の大津市長による率直な記録（越直美『教室のいじめとたたかう－大津いじめ事件・女性市長の改革－』）が刊行されており，いずれも詳細な事実経過の説明と貴重な証言を含んでいる[1]。

(1)　概要

　2011年10月，公立中学校2年生男子が自宅マンション14階から飛び降りた。内輪で葬儀を済ませたあとになって，本人がいじめを受けていたという話が耳に入り，遺族は学校に問い合わせる。学校は全校生徒を対象に2回にわたってアンケートを実施したところ，9月頃から同級生に教室やトイレで殴られたり，成績表を破られたりしていたことが判明した。それを受けて市教育委員会は一部の結果を公表し「いじめがあったようだ」と認めたが，「自殺との関係は不明」としてそれ以上の詳細な調査を進めなかった。アンケートに「自殺の練習をさせられていた」との回答が明らかとなり，メディアで大きく報じられた。

　この自死事件から3ヵ月経ってからの市長選挙で初当選して，赴任したばかりの歴代最年少（当時）の女性市長が教育委員会に尋ねたところ，「それは他の生徒からの伝聞であり，事実ではない」との返答であった。ところが，他の生徒に対する確認の調査はおこなわれておらず，その他にも調査のいい加減さが目立つなど，教育委員会の対応が不十分であったことから，メディアと世論が大きく反応した。

　抗議を繰り返してきた遺族は，大津市といじめたとされる生徒の保護者を相手に損害賠償を求める裁判を起こした。滋賀県警は暴行容疑で中

学校と教育委員会を家宅捜査し，教員や生徒たちに事情聴取するという異例の事態となった。これに対して 2012 年 7 月に市長が乗り出し，再調査に着手した。

この事案では，校内で誰もが目にしている暴行の場面があったので，図 2 − 1 で言えば，「いじめ」というよりも明らかに「暴行の刑法犯罪」に近い。自死の後の学校と教育委員会の対処は迷走を続けたので，学校と教育委員会に調査を任せておけないと判断した弁護士でもある市長は，市長の下に第三者調査委員会を立ち上げて，徹底的な再調査を実施した。この委員会は外部の眼を入れた画期的なもので，後のいじめ調査のモデルとなった。

(2)　「学校いじめ」メカニズム解明のための知見

いくつかの知見を得るために，具体的な学校の場面を新聞取材班によるドキュメントより抜き出す。やや長くなるが，焦点は，同級生同士のケンカをどう見るかであり，「いじめ認知」のあり方と密接に関わる。ケンカといじめがどう関係するか，会議での議論とその結末を具体的に示す学校現場の事実が記されている。

　　同級生は教室にいた担任に「健次君（被害者）がやられているから，止めにいってあげて」と声をかけた。…担任はその後，二人から同時に事情を聴いている。「今日のはちょっと嫌だった。でもてっちゃんとは仲よくしたい」と答えた健次。「大丈夫」「ごめん」。ことばをかけあい，笑顔で互いに抱き合った。“大人の眼”から見れば，仲直りさせた格好になった。…生徒間の暴力があったときなどに学年の教員らが集まって情報を共有する「学年集約会」という会議が開かれた。すでに午後 6 時をまわっていた。そこで，3 人の女性教諭が「いじめではないか」と主張した。一人は健次の 1 年次の担任だった。「ケンカと言うが，へらへらして気に入らないというの

が始まりなら，それはおかしい。ケンカをさせられているイメージをもった」「担任はケンカの延長と言う。でも健次は笑っていたのが，泣いているようになったこともあるし，笑ってごまかすこともある。『大丈夫？』と聞いても子どもは『大丈夫』としか言わない。」

　だが最終的に，こうした意見は顧みられることなく「いじめの可能性があるから今後，注意深く見守る」との結論に落ち着いた。学校は以前から予定していた「善行迷惑調査」と呼ばれる，全校生徒に学校生活の不満や改善してほしい点を尋ねるアンケートでくわしいことがわかるのではないかと安易に考えていた。だが，実施する日の朝に健次は亡くなってしまった。

　生徒指導担当の責任者だった男性教諭は手帳の十月五日の欄に「ケンカ暴力　イジメか？」と小さく書き込んでいた。教頭の備忘録には「周囲を固めてからいじめ指導に入る」と記されている。わずか 15 分間の会議。学年の教員が力を合わせて解決していこうとする機運は生まれなかった[2]。

　以上の事実経過から得られる知見を三つ指摘したい。

　1）　ケンカ後に「仲直りさせた格好になった」というのは，第2章で述べた「いじめ観と対処法」の種類のうち〔タイプⅠ：傍観者的〕に相当する。1980 年代によく見られた〔タイプⅠ〕が 2010 年代になってもまだ残っている。それにケンカをした生徒双方から事情を聞く場合は別々に聞き取りするのが普通であるのに，同時に聞いているのも生徒指導の定石から外れる。

　2）　会議の内容はいじめ「認知」を「認識」に高める岐路に関わる点である。たしかに，「あそび」と「いじめ」のいずれかを区別することは難しい。対等的関係で一時的な「ケンカ」の場合は「あそび」になるだろうし，力関係を伴う加害−被害関係になれば「いじめ」であり，

ケンカの暴力程度がひどい場合は「暴行傷害の刑法犯罪」になりうる。教頭は「周囲を固めてからいじめ指導に入る」と判断していたようであるが，これまでの「賢治君がやられている…」という同級生の訴えには，同種の行為が継続していたという意味が込められていると理解すれば，すでに事態は「固まって」いて，すぐさま「いじめ指導」に移るべき瞬間であった。なぜなら1年次担任だった教員の重要な発言が「学年集約会」であったからである。

「いじめではないか」「ケンカをさせられているイメージをもった」「健次は笑っていたのが，泣いているようになったこともあるし，笑ってごまかすこともある」「『大丈夫？』と聞いても子どもは『大丈夫』としか言わない」。

これらはすべて生徒指導の常道を行く極めて的確な観察と判断であると言える。しかし，この発言は放置され，会議は15分で終了した。学校が多忙であり，会議に時間を割けない実態にあるとはいえ，いじめ問題の「認識」に至ろうとした瞬間であった。その瞬間を生かせずに，先送りにしたところに「早期発見，早期克服」の大原則が揺らいでしまった。

少数の教員の的確な感覚よりも，アンケート結果（「善行迷惑調査」）に期待するというのは形式主義以外の何物でもない。日常的に子どもたちに接している教員の「直観」や「感性」を優先しないで，いつから「アンケート主義」に陥ったのだろうか。

3）　市長による「第三者調査委員会」設置は全国的にも珍しい典型事例となった。一般に，調査委員会の設置には①～③の形態があろう。まず，①「いじめ防止委員会」委員を中心に学校内に設置され，短時間に小回りが利く小規模の調査委員会方式がある。ただ，内部の小調査だけに行き届かないことや，見落とす点も多い。

そこで，②学校または教育委員会が外部から人材を招いて設置する第三者調査委員会がある。ただ，学校と教育委員会（事務局）は相互の定

113

期人事異動があって，学校教育をめぐる運営の考え方に親近性が強く，外部の人材の選出で偏るきらいがあり，客観的な調査を担保するには弱い面がある。

そこで，学校と教育委員会とは無関係に，③市長ないし首長部局が「第三者調査委員会」を設置する場合が最近増えている。当該学校や教育委員会とは全く関係を持たない，弁護士・精神科医・カウンセラー・学校教育研究者・児童福祉組織などから委員が選任されるので，調査の客観性・公平性が担保される。その結果，調査報告書では当該学校の問題点と課題が浮き彫りにされて，その概要が公表された後，他校で大いに参考にできるという利点がある。

最近の各種メディアでしばしば取り上げられているのも，①と②の調査に何かと問題が生じるので，その結果③が立ち上がるというケースである。

(3)　エスカレートを防止できたと考えられる局面

「報告」会に終わりそうな「学年集約会」を「いじめ防止委員会」の性格に切り替えてでも，もう少し時間を取って，ケンカをどう受け止めるかについて「審議」に入るべきであった。議長のリーダーシップを発揮して「審議」議題とし，さらに15分くらいは延長して多くの教員の感想・意見を集約すれば，取組みも変わってきたに違いない。「安全な学校」を目指す「学校の哲学」に立てば，なによりも最優先すべき議案である。

この中学校では自死が生じ，しかも警察の家宅捜索まで入るという事態になったから，第2章で紹介した「反いじめ」を目指す学校類型（表2−3）で言えば，「機能しない学校」に位置づけられる。ただし，「学年集約会」での教員の意見交換に注目すれば，「葛藤する学校」の側面も帯びている。この「葛藤」の側面を会議でどうして大事に扱って発展させることができなかったのか，残念としか言いようがない。

(4)　特記事項－「道徳教育研究指定校」として何を実践研究するのか－

　この中学校は道徳教育研究指定校であり，熱心な実践研究が積み重ねられていたと言う。それならば余計に実際の身近ないじめ問題を取上げて，学校を挙げて検討すれば，そのまま道徳教育研究そのものになるはずであった。教頭が先送りにした背後に，もしかして道徳教育研究指定校では，いじめ認知はできれば避けられるべきだとの発想がはたらいていたとすれば，それは表2－2で整理した「調査検証」思考ではなく，「価値判断固執」思考が頭をもたげたということはなかっただろうか。「価値判断」をあくまで先行させる性癖がなかっただろうか。

2　教育委員会の現場が抱える諸問題

教育委員会「事務局」

　この事案では，教育委員会の調査をめぐって，市長が強い不満を抱いて教育委員会には任せられないと判断したため，両者の葛藤が大きな特徴となった。そこで，「学校いじめ」問題について教育委員会と首長部局との関係について検討しておきたい。

　通常は「教育委員会」と短く表記されるが，それは地方公共団体の長が議会の同意を得て任命する教育長（常勤）と，同様に任命される教育委員（非常勤）5名程度から構成される組織を指す。そして，その運営事務を処理するために「事務局」が置かれる。事務局は学校教員で将来は教頭や校長あるいは教育長に昇進するような指導主事数名と，他部局から派遣される事務職員数名から構成される。いじめ問題でしばしば取り上げられる「教育委員会」は実は「教育委員会事務局」を指していることがほとんどである。

　「教育委員会」と「事務局」の構成には問題が二つある。

① 教育委員会が頻繁には開かれないこともあり，事務局による教育案件の処理内容が主導的役割を果たすことが多い。この性格は【事案4】をめぐる議論を通じて，2015年4月に施行された「地方教育行政の組織及び運営に関する法律の一部を改正する法律」によって強化された。それまでの「教育委員長」は「教育長」と一本化され，常勤の「教育長」が事務局の統轄に当たる。よって，いじめ事件が生じた場合，教育長が第一義的な責任者として迅速に対応することになる。

② 指導主事は将来には学校現場に戻る可能性が強いので，学校現場との結びつきが強い。この【事案4】の中学校の校長は将来の市教育委員会教育長への昇進ルートもあるとされていた。

これらの特徴により，事務局は学校の利害をそのまま反映していたり，学校組織に密かに根付く「価値判断の先行」を共有していたり，学校組織内だけに通じるような組織の暗黙の枠組みに染まっていても，広く行政全般については疎いことがある。

この事案と向き合うことになった当時の平野博文文科大臣は，「子どもの命を保護する責任は文科省にある」との立場から，それまで取られていた「教育の地方分権」を尊重する方針を変えざるをえず，政治主導の方向を打ち出した。共同通信大阪社会部は次のように記録している。

　　もはや学校と市教委は当事者能力を欠いている——家宅捜索翌日，平野文科相は文科省職員3人を大津市に派遣することを決めた。記者会見では「いじめが深刻化する前に，全国の教育委員会から早く文科省に報告を上げてもらいたい。情報がないと動けない」と述べ，いじめ問題に国が積極的に関与する姿勢を鮮明にした[3]。

本来は個々の学校や教育委員会が対応すべきいじめ問題が，こうして

国の介入をもたらす結果となったのは，先ほど述べたような中学校の教員集団のいじめに対する対処に弱さがある以上，やむを得なかったとも言える。個別の事案の事情を教育委員会制度全体の見直しに結びつけるのは，早計すぎたとも言えるが，その後，教育長の権限は強化されている。

　そして，遺族側から民事裁判で大津市が訴えられて，被告の立場となった市長が綴った次のような述懐を読むと，一方で教育委員会制度改革の議論に触れ，他方では客観的な調査の必要性など，いじめ問題の立法化への動きが加速していく様子が浮き彫りにされる。

　　子どもたちが求めていたのは，真実でした。しかし，アンケートの子どもたちの声に言及しても，教育委員会は，子どものアンケートを読んでいるのか読んでいないのか分からないような反応でした。教育委員会は「教育的配慮」という大人の言葉で片づけて，子どもの本当の声を聞いていなかったのです。…

　　その後の報道や県警の捜査によって，学校や教育委員会の調査が不十分でずさんなものであったことがより一層明らかになり，第三者調査委員会の設置の準備を進めました。…しかし，立ち上げるのは，簡単ではありませんでした。…まず，専門性が必要です。事実関係の調査や認定には，法律の専門家である弁護士の関与が必要で，また，生徒の心理や学校の対応については，臨床心理学や教育関係の専門知識も必要です。…教育委員会は，弁護士の助言も得て可能な限りの調査をしたと言っていましたが，弁護士の関与は不十分なもので，法的知識や事実認定の手法を知らない教員が調査をするのには限界がありました。次に外部性・独立性が求められていました。…教育委員会ではなく市長の下で，外部の専門家が独立して再調査をする必要があるのです[4]。

第三者調査委員会が教育委員会（事務局）に提言

　こうして，大津市の第三者調査委員会（以下「調査委員会」）には多様な外部人材を集め，そのことが珍しかったせいか，メディアもこの調査委員会について，審議経過から最終の調査報告書の発表まで，支障の無い範囲で大きく報じ続けた。この調査報告書は大津市役所ホームページで検索できる。全編ではないが，「はじめに」「活動の経緯」そして「第Ⅲ部提言」について PDF ファイルで誰でも見ることができる[5]。

　市長の指示ですぐに調査委員会が設置できたわけではなく，2012 年 10 月に大津市議会で「大津市附属機関設置条例」および「大津市立中学校におけるいじめに関する第三者調査委員会規則」が制定され，これらの規定に基づく市長の附属機関としてスタートした。「公平」「中立」の視点で先入観なく事実調査に徹することが重視された。先ずは学校と市教委から収集した資料の読み込み，次に学校および校区を回って状況視察，さらに関係者の聞き取りという地道で入念な作業がおこなわれている。

　予定よりも何ヵ月か遅れたとはいえ，この調査委員会による調査報告書（以下『調査報告書』）は，開始から 1 年 3 ヵ月ほど経った 2013 年 1 月に完成した（「予防対策法」公布の半年前である）。全 200 頁余りにも及ぶ大部の『調査報告書』では，あらゆる観点から調査と検討が加えられている。事実の経緯と背景，その考察から始まり，学校と教員・校長さらには教育委員会の問題点が指摘された後，各方面への提言が丁寧に論じられている。これだけ整った内容がかなり短期間にまとめられたのは驚異と言えよう。

　最近では全国で多くの第三者調査委員会が設置されているが，各委員会のなかには調査報告書がいじめ事件から何年経過していても完成しないというケースが見られる。そうしたケースでは，学校に対する保護者

の信頼を失うことになりかねない。短期間で完成という点でも，大津市の『調査報告書』はモデルとして評価できる。その充実した内容のうち，教育委員会（事務局）に対する「問題点」と「提言」を抜き出そう。

　指摘された「問題点」は，①平時における危機管理体制の欠如，②市教委の主体性，指導力の無さ，③学校任せの事実解明，④市教委から県教委，県教委から文科省への報告の遅れ及び内容のずさんさ，などである。全国の各教育委員会のなかにも，こうした諸問題を共通して抱えているケースがあるだろうと思われ，それらが乗り越えられないままだとしたら，「学校いじめ」問題は，法制後も解決されずに続くと予想される。

　他方，教育委員会（事務局）に対する「提言」も厳しい現状批判を踏まえての内容である。『調査報告書』から一部を引用する。

　　教育委員会としての学校支援の基本は，それぞれの学校が教育目標や指針に基づき取組みを展開することを支援することにある。…学校への指導，助言はしっかりと丁寧に行われ，決して遠慮や慣れ合いの関係であってはならない。…直接学校への指導は，担当指導主事が行うことになっているが，元の上司が学校長である場合もあり，そこに私情が入り込んだり，曖昧な対応になってはならない…（『調査報告書』192 頁）

この引用部分にある「遠慮や慣れ合いの関係」「私情が入り込んだり」「曖昧な対応」という率直な表現こそ，これまでの「学校いじめ」で，「隠蔽」と受け止めるほかない事態になったり，学校と教育委員会に対する保護者の「不信感」が生じる背景を突いたものにほかならない。それは全国の教育委員会のなかに同じようなケースが散見され，校長や教員，指導主事，教育長の主観的意図がどうであれ，被害者の児童生徒を守るというよりも，学校・教育委員会組織の自己保身を招く結果を生じさせてき

た。そうした諸事実が「学校いじめ」問題45年間に余りにも目立ってきたと感じる。

上位機関への報告の意味

さて，『調査報告書』が教育委員会（事務局）に対して「問題点」として四つ指摘したうちの「④市教委から県教委，県教委から文科省への報告の遅れ及び内容のずさんさ」については，学校⇨市教委⇨県教委⇨文科省への報告という一般的な責任事項となるのでここで立ち止まって考えておきたい。

もちろん，学校組織全体の全国管理体制からして当然の報告義務であり，上位機関も教育行政としていじめ対処を円滑に運ぶために，各学校のいじめ問題について細かく承知しておくのは当然である。ただ，それとは別にここで拘りたいのは，この連絡義務は，大津市『調査報告書』が発表されて半年後に公布された「防止対策法」の「第五章　重大事態への対処」の条文規定と重なること，さらには，上の機関への報告は，単なる手続き上の義務に止まらず，より深い意味があると考えるからである。

2023年5月，国立大学法人教育学部附属小学校でいじめ事案を「重大事態」としながらも，調査を行なわないまま文科省に1年以上報告していなかったことが判明し，同学部教授でもある学校長が校長を辞任したことがニュースになった（「毎日新聞」2023年5月1日付ネット配信）。法制後10年経過しても，同法の理解が徹底されず，「重大事態」を未然防止できず対処もできない事態が国立系の教員養成系教育学部附属学校で判明したことは，文科省が足元の手薄な部分を突かれたという形になった。附属学校長は文科省への報告の手続きが手間だと感じて棚上げにしたのだろうか。もしも校長が手間だと感じるなら，副校長に事務手続きの準備を指示すればよいだけのことである。

そこで頭に浮かぶのは，校長が「教育学部附属学校にはいじめはあっ

てはならないし，実際に存在しない」という「価値判断固執」思考回路
に陥っていたのではないか，という素朴な疑いである。

　問題判明から2ヵ月後の2023年7月，文科省は「防止対策法」に沿っ
た対応の「チェックリスト」を国立大学法人附属学校に通知した。この
リストは公・私立学校にも活用されることになった。リストに挙げられ
たのは，「防止対策法」の「第五章　重大事態への対処」に記載された
内容そのままである。

　①国立大学法人の学長に報告・相談し，情報共有したか。②被害児童
生徒や保護者に調査方針を説明したか。③調査結果の公表内容を被害
児童生徒や保護者に確認したか，など14項目で，項目ごとに日付を記
入するチェック欄を設け，対応の漏れを防ぐ狙いがある。（「読売新聞」
2023年7月7日付ネット配信）

　こうした細かな事務手続きの背景には，次のような意図が込められて
いると考える。それは一方では文教行政措置として，着実な報告手続き
を通じて，各学校がいじめ問題に関する情報をいい加減に扱わないため
の措置であり，文科省が各学校のいじめ問題の実態を詳細に把握してお
くための手段である。

　さらに，これこそ重要な意味だと考えるが，校長・教員側にとっては，
報告の事務手続きの義務を果たすことを通じて，「学校いじめ」問題と
対峙し続け，「安全な学校」創りのために常に問い，実践を繰り返す気
概をもつ覚悟をそのつど確認するためという意味である。したがって，
上位機関に報告せねばならない，という事務手続き的な義務感だけで作
業をするのであれば，「重大事態」認定の意味を履き違えることになる
だろう。つまり「価値判断固執」思考回路には決して陥らずに，「調査
検証」思考回路を常に念頭に置き続けるという意味を見落とすべきでは
ない。

3　「学校危機管理」から見た「学校いじめ」

いじめに関する初の法律と附帯事項

　大津市中2生徒いじめ自死から約1年8ヵ月経った2013年6月21日，いじめ問題で初めての法律「いじめ防止対策推進法」（「防止対策法」）案が参院本会議で可決成立した。6月公布9月施行で，附則として，施行後3年を目途として必要あれば見直しを，と定められた。法案は6党共同提出による議員立法である。

　この法律の成立について，大津市中学校でいじめ自死に追い込まれた中2男子の父親は遺族として記者会見で次のように語った。

　　法律が出来たからといって，すぐにいじめ問題が解決されるわけではない。教師らは，どうすればいじめをなくすことができるのか徹底して考え，いじめを見逃さず，生徒の命をまもってほしい。（「朝日新聞」2013年6月21日付夕刊）

　本書で検討したいのも「すぐにいじめ問題が解決されるわけでない」とすれば，では一体いかなる課題が横たわっているのか，という点に他ならない。本書の副題である「いじめ防止対策推進法の光と影」という表現で「影」というのは，学校と教員，教育委員会にとって，法律で解決可能となる「光」の部分だけでは完全な解決には至らず，法制定後もなお残る明示的・黙示的な諸課題を根気強く探究すべき「影」の部分という意味である。

　国会の法制化審議では種々の意見が出され，衆院文部科学委員会では7項目，参院文教科学委員会では8項目という多くの「附帯決議」が付

けられた⁽⁶⁾。法律の各条文が硬直して受け止められないように「特段の配慮」を求めるものである。そのうち，重要と考えられる 3 項目を挙げておきたい。施行 10 年の間に，附帯決議に沿わない問題があるケースが複数生じているので，いずれも人々は法律の条文は見ていたとしても，アクセスしにくい附帯決議は見ていないと推察するからである。

① 　いじめには多様な様態があるから「心身の苦痛を感じているもの」との要件が限定して解釈されることのないように努める。（衆院文教委員会）

② 　重大事態への対処に当たっては，いじめを受けた児童等やその保護者からの申し立てがあったときは，適切にかつ真摯に対応すること。（衆院文教委員会）

③ 　いじめには様々な要因があることに鑑み，第 25 条（第 4 章 いじめの防止等に関する措置）の運用に当たっては，懲戒を加える際には教育的配慮に十分に留意すること。（参院文教科学委員会）

　以上の附帯決議も念頭に置きながら，「学校いじめ」の全体像について「危機管理」の観点から説明しよう。

危機管理

　大津市の『調査報告書』でも，教育委員会（事務局）に対しては「平時における危機管理体制の欠如」が指摘されていた。最近は各分野で話題になる「危機管理」であるが，政府の大災害・大事故・安全保障といった国家規模の行政措置が連想されやすい。しかし普通に「危機管理」と言えば，それは自治体，企業，病院，鉄道会社，そして学校などを含めて，組織一般に適用される身近で幅広い概念である。

　そこで，「学校いじめ」の対処・予防の取組みを危機管理の観点から検討しよう。すると「予防対策法」の仕組みは，危機管理の仕組みになっていることが明らかになってくる。

先にいくつか用語の整理をしておこう。日常的に言う「危ない状態」が眼に見える具体的な「危険 danger」である。危なさの程度が極めて深刻になった状態が「危機 crisis」であり，集団や組織が「危機」に見舞われると「秩序が激しい動揺」をきたすから，即刻の対処が要請される。それが「危機管理」である。この「危機管理」をさらに細かく分けると「リスク risk」局面と「クライシス crisis」局面の二つに分けられ，それぞれ管理の仕方が違うことに気づく。整理して表3－1に掲げる。

　「リスク」とは，利益を望みながら被るかもしれない可能性・確率としての危害や損失を意味する。学校は楽しく学んで知識・技術を増やし，友人と交流できる場であるが，思いがけずに生じる学校事故や不登校，いじめ事件などの可能性・確率を否定できない。そうしたリスクを学校は日常的に抱えている。そして，リスク発現の可能性が学校のさまざまな環境諸条件によって高くなったり，低くなったりする。

表3－1　危機管理の諸局面

危機の「客観的」状況	管理（マネジメント management）目標	向き合う「主観的」態度
リスク（日常的）	日常的未然防止	危機感（感覚的・瞬間的）
クライシス（非日常的）	重大な事態が発生した後の緊急対処	危機意識（言語化された認識，持続的）

　そこで，「発現の予防」が日常的に重要な課題となる。それが「リスク・マネジメント」である。

　他方，「クライシス」とは日常的に帯びるリスクの確率ではなく，実際に具体的で深刻な危険が生じて，集団や組織の秩序を激しく揺るがしている状態である。そこで，緊急に具体的に「介入して対処措置」を講じる必要がある。それが「クライシス・マネジメント」である。もちろん，

両者は別の局面ではなくて,「リスク・マネジメント」が急に「クライシス・マネジメント」に転換したり,「クライシス・マネジメント」の経験を経て,刷新された「リスク・マネジメント」の局面が新たに始まるとか,さまざまな展開が考えられる。

危機感・危機意識

そして,他に重要な変数がある。それが具体的な危険状態に対して人々が抱く「危機感」や「危機意識」と呼ばれる心理状態である。リスクやクライシスをどこまで意識し,どれだけ認識しているかという態度の問題である。程度の差を考慮して,軽くて感覚的で一時的な「危機感」と,持続的で言語化される認識を含む「危機意識」を区別しておこう。

危険の「客観的状況」に対する「主観的態度」が多様であるところに新たな問題が生じる。「客観的」に危険状態にあるのに,「危機感・危機意識」を抱いていない場合がある。「学校いじめ」で言えば,この45年間にこうした状況が全国各地でどれだけ生じたことだろう。たとえば,「自殺未遂」という重大なSOSが発信されているのに,「危機感」さえ示さない場合である。というよりも,学校教員としてあまりに戸惑う余りに,眼を逸らして真正面から受け止められない態度を示したというのが正直な結果だろうか。あるいは,「いじめ」と認定しないで「あそび」と見なすことで「危機感」を抱かなくてよい,という戦略を取るのかもしれない。

いずれにしても,客観的な状況と主観的態度の乖離は,「学校いじめ」問題に常に帯びてきたように感じる。「いじめ観と対処法」の4類型(表2－1)で言えば,「タイプⅠ:傍観者的」と「タイプⅡ:加害・被害関係認識－隠蔽的」に対応する。

また逆に,客観的状況は危険ではないのに,心理状態だけ「危機感」を抱く場合がある。「学校いじめ」を強く意識しすぎる余りに,心配し

不安感にからられて，適切な状況認識がおざなりになっている場合である。これは「タイプⅢ：加害・被害関係認識－管理主義的」に相当すると言えよう。「防止対策法」の制定以後に，法律で決められたのだからと，厳しい態度をとったゆえだろうか，そうした歪んだ態度が若干見られる場合もある。いずれにしても問われているのは，開放的で柔軟，大局的に問題克服を見通すことができる教員のみずみずしい「直観」や「感性」だと言えよう。

　なかでも「感性」ということばは，私が1970 ～ 1980年代に東海地域の多くの教員集団と交流した際によく耳にしたものであったが，1990年代以降はあまり学校現場で聞かなくなった。多忙化による余裕のなさなのか，アンケート結果のデータ中心主義なのか，教員をめぐる学校現場の変貌が作用しているかもしれない。

　しかし，青年前期の児童生徒を接するときに不可欠なのは，この教員の「感性」であろう。「顔で笑ってこころで泣いている」ときにこころの涙を見ることができるか。被害を受けているのではと見られる児童生徒が「問題はない」と繰り返し否定すればするほど，やはり問題が隠れていることを見破ることができるか。いずれも「感性」がはたらくかどうかが問われている。大津市の『調査報告書』（2013年）も教員への「提言」で，以下のように「感性」を強調している。

　　…子ども自身がどういった立場におかれ，どういう気持ちでいるのかという子どもの心情を推し量ることができる力の育成が求められている。「先生は，子どもたちの顔を見るよりも，パソコンの画面を見ている時間の方が長い」と言われ，今日の教育現場が揶揄されることがある。…教員自身の感性を磨くことは，教員の日々の忙しさで難しいことではある。しかし，難しいからしなくてよいのではなく，子どものこころを受け止めることは，どのような場合であっ

ても教員として必ずやらねばならないことである。感性を磨くことは日々教員自身が意識して取組むことは言うまでもないが，教員研修に取り入れることを提案したい。…（大津市『調査報告書』174頁）

　さて，先ほどから述べてきた「危機管理」と「危機感・危機意識」を総合してまとめてみる。

　学校は日常的にリスクを帯びているのに，それを少しでも感じ，いじめに関するわずかな「危機感」がなければ，いじめ発現の予防行動はできない。また，学校秩序を激しく揺るがすクライシスが生じているのに，それを強く意識する教員が仮に一部にいても，教員組織全体が「危機意識」を形成しなければ，学校全体として「初期対応」（初動）の適切な介入はできない。もちろん，校長や教育長のリーダーシップが「危機意識」に訴えるマネジメントを主導すれば，徐々に「危機意識」が学校組織全体に広がって，対処行動が的確になされていく場合もあるだろう。

　また，大津市【事案4】に即して言えば，学校教員組織と教育委員会（事務局）のリスクに対する「危機感」とクライシスに対する「危機意識」が共に弱く，たとえ一部の教員が抱いていたとしてもそれが学校組織全体に生かされていないことがある。当時の平野博文文科大臣に「学校と市教委は当事者能力を欠いている」と言わしめたゆえんである。逆に学校いじめの民事裁判で被告の立場に立たされただけに，大津市長の「危機意識」は極めて強かった。それだけに，従来では類例のなかった第三者調査委員会を新たに設置して，市長は入念な調査を独自に開始したのである。

　なお先に触れたような，学校に見られる「価値観を先行」させる思考回路が「危機感」や「危機意識」とどのように関係しているかについて考えてみると，互いに独立的であると言える。「危機」を意識するからこそ「調査検証」思考をしたり，そうした思考をするからこそ「危機」

を意識しやすくなる場合もあれば，逆に「危機」を感じるからこそ思わず「価値判断固執」思考に陥ったりする場合もあろう。つまり，危機状況の「客観的」側面と，学校教育関係者の「主観的」側面とは必ずしも対応しているわけではない。

SOS サインを受信するプロセスに潜む弱点

危機管理の最初は，児童生徒からどのような SOS サイン発信があり，教員がそれをいかに受信するか，という局面である。その局面でも教員の「感性」が求められていることは言うまでもない。この 45 年間，いじめ自死事件の後で必ず指摘されてきたのは学校が「サインを見逃したのではないか」，つまり堅苦しく表現すると「サインの受信プロセスに弱点があった」という点である。

つまり，弱点さえなければ自死は防ぐことができたはずである。そこで次に，矢巾町【事案5】を取り上げながら，学校が弱点を抱え続けてきた原因は何であるのか，一般化して考えてみたい。「防止対策法」が制定されてから 2 年経ったときのいじめ自死事案である。

事案5 岩手県矢巾町・中学2年生（2015年）

(1) 概要

2015 年 7 月 5 日に，岩手県矢巾町で中学 2 年生の村松亮君が電車に飛び込んで自死した（遺族が氏名のメディア公表を了承した）。その後，学校の全校生徒へのアンケートで複数がいじめを疑わせる行為を目撃したと答えたことが分かるとともに，担任と交わしたノートに同級生からのいじめや自殺をほのめかす記述を 3 ヵ月にわたって残していたのに，その記述が学校全体で共有されていなかったことも判明した。

この中学校では同法に従って「本校のいじめ防止基本方針」を策定済だったが，方針に盛り込んだ「こころのアンケート」が実施されたのは

予定されていた 5 月ではなく, 6 月中旬にずれ込んだうえに, 被害生徒が「いじめられたりすることがある」と回答したアンケートを担任は自分の手元においたままにしており, 教員間で回答情報が共有されてはいなかった。

　法律の指示を守っていなかったと判断したのであろう, 文科省は生徒指導室長を矢巾町役場に派遣した。室長が聞き取り調査をおこなった結果,「いじめがあった可能性が十分ある」との見解を新聞取材に示した (「朝日新聞」2015 年 7 月 10 日付)。

　こうした一連の経緯のなかで, 新しいクラス担任と 4 月から毎日のように交わした「生活記録ノート」(以下「ノート」) がそのまま新聞に大きく報道されたために, そのノートの記述に全国から関心が集中した。担任が「サイン」を見逃したのではないか, という疑義の声が上がったのである。

(2)　「学校いじめ」メカニズム解明のための知見

　先ずはそのノートの一部分を引用する。少し長くなるが, 担任と生徒のノートのやり取りをそのまま見ることができる機会は珍しいので, 引用しておきたい。本人の記述に対する担任のコメントは≪　　≫で示した。

　〔4 月 7 日〕今日は新しい学期と学年でスタートした一日です。この今日を大切に, 出だしよく, 終わりよくいたいです　≪新しいメンバーで戸惑うと思うけど, みんなと協力してがんばろう。よろしくお願いしますネ≫

　〔4 月 17 日〕最近〇番の人に「いかれてる」とかいわれましたけど, けっこうかちんときます。やめろといってもやめないことがあるし, 学校がまたつまんなくなってきたような。　≪？どうした何があった≫

　〔4 月 20 日〕なんか最近家でも学校でもどこでもイライラする

ような気がします。いいことないし，しっぱいばかりだし，もうイヤダ嫌一です。だったら死にたいゼ☆　≪みんな同じ。環境が変わって慣れていないからね。がんばってね≫

〔6月4日〕体はつかれはて，思うようにうごかなくなりました。学校にはいけませんでした。金曜はいこうと思います。≪トラブルはもう大丈夫かな？　何かあったかこのノートにかいてみて≫

〔6月8日〕実はボクさんざんいままで苦しんでたんスよ？　なぐられたりけられたり首しめられたり，こちょがされたり悪口言われたり！　その分を（全部だしていないけど）ちょっと放ったんですヨ。　≪そんなことがあったの??　それは大変，いつ??　解決したの？≫

〔6月28日〕ここだけの話，ぜったいだれにも言わないでください。もう生きるのにつかれてきたような気がします。氏（死）んでいいですか？（たぶんさいきんおきるかな）≪どうしたの？　テストのことが心配？　クラブ？　クラス？　元気を出して生活しよう。（男子生徒の名）の笑顔は私の元気の源≫

〔6月29日〕ボクがいつ消えるかはわかりません。ですが，先生からたくさん希望をもらいました。感謝しています。もうすこしがんばってみます。ただ，もう市（死）ぬ場所はきまってるんですけど。まあいいか　≪明日からの研修たのしみましょうね≫（「朝日新聞」2015年7月10日付）

担任は嫌がらせをしたという生徒とも面談をして注意するなど，それなりに生徒指導に動き廻っていたようである。しかし，この6月29日のノートでのやり取りの後，1週間もしないうちに村松君はみずから命を絶った。ノートの記述に沿って，「サイン受信プロセス」に潜む弱点として考えられることを指摘したい。

　1）　教員の「感性」はどうなったか。担任との交換ノートが毎日やり取りされるのは生徒指導にとって一つの方法であろう。ただし，生徒全員について毎日書いて返すのは教員にとってかなりの負担であり，何ための交換ノートか，について常に確認しておく必要がある。それはあくまで生徒理解の一つの手段であって，下手をすると書くことが自己目的になりかねず，形式化して中味がおざなりになりやすい危険性をはらむ。

　生徒の方でも文字ではうまく書けない場合もあるはずであり，ノート交換が教師とのコミュニケーション手段になるとは限らない。ノート交換以外にも，朝のあいさつで個々の生徒の表情を摑んだり，授業中の言動を観察したり，休み時間に無駄話をし合ったり，放課後に短い面談を入れたり，部活での様子を顧問教師から聞いたり，生徒理解の手段はさまざまにありうる。要するにノート（文字表記）という形態に頼り過ぎることで「教師の感性」が鈍麻してはいないか，という疑いである。

　これまでも触れたように「感性」というのは，一般的な語義では「対象からの刺激を直感的に感じとることのできる能力，感受性」であるが，「教師の感性」とは「子どもの成長発達を常に念頭に置き，かれらの言動に関する疑問や問題性，課題性を瞬時に感じ取って，対処行動を具体化することのできる資質・能力」となる[7]。

　被害生徒である村松君の記述はひっきりなしに刺激を発しているわけだから，それを瞬時に感じ取って，本人と面談して記述の意味を率直に語ってもらうように接することが先決である。そうした対処行動をしたものかどうかを担任教員が判断しにくい場合には，同僚や管理職に対して，その記述をどう読むべきかについて相談することぐらいはすぐにできるはずである。相談することも，生徒の記述から発せられる刺激に対する受信の行動となる。

　その相談さえしていなかったとすれば，このノートは書くことが自己

目的化した単なる文書に止まり，何のためのノートか分からない。かつては教師が実践を語るときのキーワードの一つであった「感性」が使われなくなっている理由として，教員の多忙化はもちろん，学校運営上の文書主義やアンケート主義の影響があることが考えられる。

　2）　青年前期の特徴を念頭に置いていたか。村松君が書いている記述は冗談のような内容で，無視してもよいと担任は軽く判断したのかもしれない。しかし，中学生の心理的特徴として「ボクがいつ消えるか」と軽口を言っているように見えて，本当に「消えてしまう」ことが実際にあることは，これまでの自死案件で実際に示されてきた通りである。

　大人の誰もが経験しながらも，ほとんど忘れているように，青年前期の特徴は身体が大人になっていくときの不安定さにある。まだ「自分」を理解できていないし，対人関係能力も育ってはいない。その不安定な状態から，いじめだけでなく暴力や非行も含めた攻撃的行動が現われがちになる。したがって，小学校高学年から中学生を経て高校1〜2年生くらいの子どもたちに対して，教員はいじめをはじめ，暴力や非行などが出現しやすいことを発達上のごく自然な現象として常に念頭に置き，すぐさま対応できる体制を確立する必要がある。こうした体制が備わっていないとサインの受信は難しいだろう。

　3）　「同僚教員間連携」（同僚性 collegiality）が確立しているか。先ほど，ノートで気になる記述をどう受け止めたらよいかについて，同僚や管理職に相談することはすぐにできるはずである，と述べた。学校組織で働く教員は伝統的に教員集団の繋がりを重視してきた。「要は教員集団の問題だ」などと昔から言い習わされてきた。つまり「協業」が教員の任務の特徴である。ところが，近年の多忙化のなかで，クラス担任や教科担任という役割が膨らみ，ともするとクラス内の問題解決は一人でおこなう仕事だと勘違いしやすくなっているだけに，「同僚教員間連携」が改めて要請されるようになる。

「協業」にちなんで，「個業」（辞書には無い造語）という表現を使え
ば，教員を「個業」というイメージで捉えてしまうと，今の子どもたち
の多様で不安定な兆候を掴み，即刻対処することは極めて困難である。
「生活記録ノート」という形態も，もしかして「個業」のスタイルを強
化する作用を及ぼしていないか。いじめ問題は決して一人の教師で対応
できることではなく，同学年と全校の教員集団が子どもたちと保護者の
協力も得ながら対処すべき生徒指導の課題である。新聞報道の経過のな
かで，実は1年生のときから「生活記録ノート」に同じような記述があり，
当時の1年担任とも以下のようなやりとりがあったことが明らかになっ
た。その一部分を引用する。

　〔7月23日〕部活でいじめられることはないのですが，クラス
でいじめがまたいやになってきました。≪きっと亮だけでなく，み
んなが感じていること。三者面談で伝えますが，2学期，みんな変
われるといいですね≫
　〔10月29日〕先生，僕の心の中がいま，真っ黒い雲でおおわれ
ていますう。もう地中深くのどんぞこにおちたようなかんじです。
先生ぇどうかどうか！　どうか助けてください…　≪どうしたので
しょう。最近イライラしているようですが，自分でストレスをうま
く解決できるといいね。≫　（「中日新聞」2015年7月15日付）

この1年次「ノート」を先ほどの2年次「ノート」と比較しながら
感じられることが二つある。一つは1年生のときからいじめ被害が疑
われるのに，2年の担任に引き継ぎされている気配が無く，教員二人の
連携関係が持たれてはおらず，「協業」になっていないようである。二
つ目に二人の担任は優しい表現で書いてはいるが，生徒との関係に距離
があるのではないかと感じられる。

村松君が繰り返し SOS サインを発しているのに，それを正面からしっかりと受信しないで，指導者として指導のことばを形式的に並べているだけという印象を受ける。担任が生徒に寄り添うことができていないとすれば，それは教員の「個業」化と無関係ではないだろう。学校組織運営全体の核になるべき教員同士と教員－生徒間それぞれの「絆」が切れているように見えるのである。

　(3)　エスカレートを防止できたと考えられる局面

　1）「生活記録ノート」による交流は，生徒とのコミュニケーションにとって重要なツールではあるが，直接対面関係で表情を見ながら確認していくことの方が重要である。1年次の「生活記録ノート」で気になる記述があるので，さらに対面で探るべきであった。それが十分にできなければ，気になる点があると，2年生担任に引き継ぐ必要がある。

　2）2年次4月の「生活記録ノート」で，「やめろといってもやめないことがあるし，学校がまたつまんなくなってきた」という率直な訴えに対して，「いじめがあるのでは？」と感じて，村松君に関する情報を同僚教員間で集め，または「いじめ防止委員会」へ提起するのが普通の対処である。

　3）「〔6月4日〕　体はつかれはて，思うようにうごかなくなりました。学校にはいけませんでした。金曜はいこうと思います」という箇所は，いよいよ「危機」状態の現れではないかと判断しうる。村松君は助けを求める SOS サインを発しているようだと教員は受信するべき局面である。それは担任一人で対処する局面ではなく，教員集団さらに学校組織全体の「協業」で対峙し，彼を守るべき局面を迎えていたと解釈する。

　そして，この日の教員からの応えとしては，≪トラブルはもう大丈夫かな？　何かあったかこのノートにかいてみて≫ではなくて，≪体調がすぐれないようだから，登校できる金曜日には，直接会って少し話を聞きたいです≫といった内容になるのではないだろうか。

(4)　特記事項－「矢巾町調査報告書」－

　村松君の自死を「重大事態」と捉えた矢巾町は，弁護士や精神科医そして学識経験者の計 6 人から成る第三者調査委員会というべき「いじめ問題対策委員会」を設置し，事件から 2 ヵ月後に第 1 回を開催してから計 31 回の委員会を開き，事件から 1 年 5 ヵ月経った 2016 年 12 月に「調査報告書」（以下『矢巾町調査報告書』）を発表した。

　公表された「概要版」によると，冒頭の「本委員会が認定した事実」には，これまで私が指摘してきた受信プロセスの弱点が同じように明らかにされており，それを受けた「提言」が以下のように述べられている[8]。その内容は，日常の教育実践そして学校組織運営にとってごく当たり前の心得でありながら，実際にはその実行が実に難しいことを警告しているだけに，この中学校だけでなく，全国すべての学校と教員，そして地域の大人たちすべてが銘記すべき教訓と言える。

〔認定した事実－当該中学校の対応〕

　…A（被害生徒）に関わる教員は，クラス及び部活動でのAの周囲で発生したもめ事やトラブルに関しては，全く対応していなかったというわけではなく，その都度個別には対応してきたと認められる。しかし，Aと担当教員との 1 対 1 の関係に留まり，教員集団全体での情報共有は十分とは言えず，当該中学校全体あるいは学年全体としてAに関わり，対策を講じることについては極めて不十分であったと認定する。

　また，Aは，1 年次から生活記録ノートに「死」という言葉を記載していたにもかかわらず，関わる教員の多くは，それを「気を引こうとする」ための記載であるという理解に留めてしまい，Aの心理状態の深刻さについて思いを馳せ，より踏み込んだ介入をしていなかった。このことは当該中学校の不適切な対応であったと認定す

る。さらに，Ａ自身が家族への報告を望まなかったことなどさまざまな理由があったとしても，Ａが「死」という言葉を記載したという事実について，一度もＡの保護者に情報提供をしなかったことも，同様に当該中学校の不適切な対応と認定する。

〔提言〕本委員会は，総括として，今後，子どもの自殺という痛ましい事件を防ぐための教訓は，大きく以下の2点に集約されるものと考えた。

① 思春期の子どもは精神的に不安定であるという現実に対して，子ども自身も含め，子どもに関わる関係者全員が感度を高めること。

② 子どもは発達途上であり，大人の助けを必要としているため，関わる大人たちが相互に協力するという体制づくり（あるいは整備，構築)が極めて重要であること。（『矢巾町調査報告書』〔概要版〕）

たしかに，いじめ問題に関する法制化によって，各学校で「いじめ防止基本方針」作成や「いじめ防止委員会」の設置，「いじめアンケート」や「教員研修」の実施など，いじめ対処と防止の「かたち」を整える作業は進められてきてはいる。しかし，この矢巾町【事案5】を眺める限り，「学校いじめ」の特徴，青年前期の発達や行動特性，児童生徒と教員とのコミュニケーション，「協業としての教職」など，いじめ対処と防止にとって「こころ」に相当する根本までは，学校側の意識も実態もまだ根付いてはいなかったと感じさせる事案だと言える。

周囲からのSOSサインを受信するプロセスに潜む弱点

以上の矢巾町【事案5】は，被害生徒自身からのSOSサインを適切に受信できなかったケースである。他方，次に挙げるのは，同級生が教

員に知らせた SOS サイン（メモ）を教員がいい加減に扱った結果，最悪のいじめ自死に至った痛ましい事件である。しかも法制化から 6 年経過した時点であり，そろそろ法律の目的や対処方法も学校側に浸透しているはずなのに，それとはまったく逆のいじめ問題の扱いになっていた事案である。新聞記事は事件報道から始まり，その後に岐阜市教育委員会が設置した第三者委員会の調査報告書が教育長に提出された時点で，その内容まで詳細に伝えている。

事案6　岐阜県岐阜市・中学 3 年生（2019 年）

（1）　概要

　地元の新聞が経緯を簡潔に記事にまとめているので，その内容から報告する（「中日新聞」2019 年 12 月 24 日付）。2019 年 7 月上旬，市立中学 3 年の男子生徒がマンションから転落死した。自宅には，いじめを受けたことを示唆するメモが残されていた。学校内では 5 月から男子生徒が受けるいじめがひどくなっている，との情報が流れていた。

　5 月，いじめがあるとのメモを同級生が担任に手渡す。「給食時に嫌いなものを押し付けられている」との内容だったので，担任は名指しされた 2 人に「給食のマナーを守るように」と注意はしたが，いじめ問題とは受け止めなかった。

　6 月，定期アンケートで「いじめが心配だ」と別の生徒が回答。担任が男子生徒と面談をしたが，当生徒は「大丈夫」などと返答した。校内「いじめ対策会議」でアンケート内容が報告される。校長が学年主任に関係する生徒への聞き取りを指示したが，聞き取りは行われなかった。

　7 月，男子生徒がトイレで土下座を強要される（この件では岐阜県警が「強要罪」で同級生 3 人を書類送検の方針）。7 月 3 日，男子生徒死亡。男子生徒に対する暴力や金銭要求などの情報を，生徒十数人が学校に伝える。7 月 5 日，市教委が記者会見で，いじめがあったと認める。市教

委が「第三者委員会」に真相究明を諮問。9月，第三者委員会が生徒や教職員らに聞き取り。

　12月20日，いじめが自殺の主な動機と判断。23日，第三者委員会が「調査報告書」を提出した。

　(2)　「学校いじめ」メカニズム解明のための知見

　1）　本事案の特徴の一つが，SOSサインの受信の問題性を提起している点である。周囲の生徒がいじめに気付いてメモやアンケートを通して，学校にSOS発信をしているにもかかわらず，担任や学年主任がそれを的確に受信して対処しなかったという基本的な不備が，エスカレートを許す原因となった。校内「いじめ対策会議」で校長は関係生徒への聞き取りを指示したが，それもなされず，保護者への連絡もなかった。これらの不備からは，何のために同会議が存在するのか，ただの名前だけで，その活動はまったく意味をなしていなかった，と言える。

　一般的に言って，SOSサインは被害児童生徒だけでなく，同級生など友人や，被害児童生徒の保護者，地域住民などから発信されることがある。それらが正しい情報なのか否かは検討する余地があるにしても，その検討はSOSサインを受けた教員が一人で判断しないことが鉄則で，いじめ対策会議への報告という組織的対処こそ不可欠である。「防止対策法」がいじめの早期発見と防止に関する詳細な規定を第四章で挙げている通りである。

　2）　二つ目の特徴で啓発されることは，男子生徒が自死後に，岐阜市教委が「第三者委員会」に調査を諮問，委員会は関係者の聞き取りを集中しておこない，5ヵ月余りで報告書にまとめた。「重大事態」発生後の取組みが短期間に集中して円滑におこなわれたことは評価できる。市教委と第三者委員会が実行力を発揮したということだろう。

　3）　三つ目の特徴として啓発されることは，調査報告書が列記しているいじめの認定行為が計20項目以上と多数にのぼることである。い

じめは1年次から始まっていたようで，加害行為には約10人が加わっていた。ノートなどへの落書き，ビンタなどの暴行，トイレでの土下座，部活での暴力行為，金銭強要などであり，いじめというよりも暴力・恐喝・強要といった刑法犯罪にかなり近い。

　4）　それだけのいじめ行為に生徒が気づいていて，教員が何も知らないと言うのは不自然だと思える。同級生からのメモを正面から受け止めなかった担任や，校長からの聞き取りの指示を守らなかった学年主任，保護者にも伝えないままとなった，という結果からは，いじめをいじめと認めないで，生徒同士のふざけ合いと見なすことによって，「価値判断固執」思考回路に陥ったのではないかと想像される。

　5）　周囲の生徒たちは，積極的にいじめの存在について SOS 発信している。ところが教員組織は真正面から受信して具体的に対処する体制になかった。となれば，生徒たちはこの学校への信頼を失っていくだろう。第2章で触れた「反いじめ」の三つの学校類型（表2-3）で言えば，「安全な学校」とは言えないからである。生徒たちのいじめ認知があっただけに，それを生かし切れなかった分，「機能しない学校」に陥ったと判定でき，教員組織の責任はいっそう重いと感じられる。

　(3)　エスカレートを防止できたと考えられる局面

　1）　5月31日，男子生徒へのいじめを記したメモを同級生が担任に渡したときに担任が取った行動で，エスカレートの有無が決まったといって過言ではない。単に，名指しされた生徒2人に給食時のマナーについて注意しただけで，いじめの認知をしなかった。仮にそのメモが偽情報あるいは不確かだと疑われたにしても，とりあえず「いじめ対策会議」に報告するのが常道であり，担任一人で判断したのが誤りであった。

　2）　6月，定期アンケート結果で「いじめが心配」と別の生徒が指摘していたことを受け，同級生からの SOS 発信が5月と重なったのだ

から，誠実に受信して，「いじめ対策会議」に提起するのが常識である。

　３）　校長は学年主任に生徒の聞き取りを指示しているが，その後も指示通り実行できているか，何度も確認することができたはずである。「いじめ対策会議」のトップとして，校長のリーダーシップを極力発揮できていたはずである。

(4)　特記事項－組織全体のスクール・マネジメントと危機管理－

　いじめ問題と言えば，「いじめ防止基本方針」を掲げて，定期的に「いじめアンケート」を実施し，「いじめ防止委員会」で審議し，道徳教育の授業で指導し，教員研修でも取り上げる，といった具体的な対応策はすぐにでも頭に浮かぶ。しかし，それらはいじめ問題克服に取組むためのいわば「部品＝パーツ」でしかない。

　学校の哲学として「安全な学校」を創り上げるためには，それらのパーツをいかに繋ぎ合わせて「製品全体」を組み立てるか，ということこそが最重要課題である。たしかに「防止対策法」の条文を通して，「パーツ」の必要性は，完全とは言えないけれども，かなり理解されてはきている。

　しかしパーツを揃えることは「かたち」を整えるに止まり，「製品全体」を創って「こころ」を貫き通すことが，広く「スクール・マネジメント」を入念にはたらかせることだという基本的理解が求められる。児童生徒・保護者との信頼関係，同僚教員間連携（同僚性）・上司と部下の緊密な連絡関係（いわゆる「報・連・相」）などがベースにないと，パーツも「こころ」を伴って適切に作動しないだろう。

　いじめ問題に対処するスクール・マネジメント全体が「危機管理」となる。一般に危機管理と言えば，緊急の重たい課題に対して，教員が肩ひじ張って身構えるようなイメージを浮かべるかもしれない。しかし，先ほどの「(2)　『学校いじめ』メカニズム解明のための知見」で指摘した５点，および「(3)　エスカレートを防止できたと考えられる局面」で指摘した３点は，「危機管理」の学校組織の働きそのものに相当する。

危機管理とはそれだけ身近で細やかな取組みにほかならない。そしてそれら計８点のほとんどは，日常的な「いじめ防止のための危機管理」として「リスク・マネジメント」の側面に関わる諸事項である。

4　「防止対策法」の特徴と学校・教育委員会の対処

いじめの危機意識と「防止対策法」

1980 年代〜 2010 年代初頭までの 30 年余りの間，学校教育関係者は全国各地での悲痛な経験を通して，学校いじめの捉え方や対処法について経験的に学び，解決に向けて努力を傾けてきたはずであった。しかし，その努力だけでは完全な効力は認められないという判断を国が下して，法制化に踏み切ったわけである。

たしかに，安全であるはずの学校で生じる悲劇は人々の学校に寄せる信頼関係を揺るがすという「危機感」を抱く政府・文科省はさまざまな緊急対策を次々と講じてきた。それが大津市【事案４】の出現で，その都度の対症療法的措置だけでは解決できないとの最終判断に至ったのだろう。普段の「危機感」を超えて，「学校制度の存立基盤」を揺るがすとの強い「危機意識」を抱いたのだと言える。

ところが，ごく一部の学校や教員，教育委員会事務局のなかには，個々の行為がいじめか否かといった細かな点だけに気を取られ，「学校の存立基盤」を危うくするいじめ問題という巨視的な認識がはたらいていなかったとしたら，それは「危機意識」が低いと言われても仕方がない。

1979 年の上福岡市【事案１】以来，「学校いじめ問題」を私なりに追いながら関心を向けてきたのは，いじめ行為そのものというよりも，人々のいじめ問題への「まなざし」に「落とし穴」があるのでは，という疑問であった。学校教育関係者だけでなくメディアも世論も「落とし穴」

にあまり気づかないために，40年以上経ってもいじめ問題を完全に克服できないのではないだろうか。そして「防止対策法」もその「落とし穴」を埋めるものではない，と感じられる。その点についてさらに説明していこう。

「防止対策法」は全六章，第1条から第35条及び附則から成る。学校の管理職や教育委員会は全篇に目を通しているはずであるが，堅苦しい法律文なので，一般の教員や保護者が目を通すのは難しく，一度も読んだことがない場合も多いだろう。そこで全35条のうち主要な条文を抜き出しつつ各章の概要を紹介し，考えられる問題点を簡単にまとめたい。「防止対策法」は端的に言って，大きく前半と後半に分けることができる。前半はちょうど日常的な場面での「リスク・マネジメント」に当たる部分として，後半は非日常的な場面での「クライシス・マネジメント」に当たる部分として位置づけられるだろう。

「防止対策法」の目的と日常的な「リスク・マネジメント」

(1) 目的と「いじめの禁止」

第一章総則（第1条～第10条）は，次のような「目的」と「いじめの禁止」を謳っている。

第1条 いじめが，いじめを受けた児童等の教育を受ける権利を著しく侵害し，その心身の健全な成長及び人格の形成に重大な影響を与えるのみならず，その生命又は身体に重大な危険を生じさせるおそれがあることに鑑み，児童等の尊厳を保持するため，いじめの防止等（いじめの防止，いじめの早期発見及びいじめへの対処をいう）の対策に関し…総合的かつ効果的に推進することを目的とする。

第4条 児童等はいじめを行ってはならない。

　目的の条項については誰も異論はないであろう。しかし，それを完全に達成することは，実は容易ではない。法制化されても「学校いじめ」問題は完全に無くなっていかない。その理由を考えると，いじめ問題に関する個別の法律だから当然かもしれないが，いじめの「防止，早期発見，対処」の方針と関連事項を取り決めるという最低限の基本的な内容に絞り込んでいる点にある。

　つまり，これまで論じてきたような，習俗のいじめとは異なる「学校いじめ」の特質や，青年前期の発達的特徴，「いじめ観」の4タイプ，学校組織に潜む「価値判断の先行」，学校と教育委員会事務局の危機管理と「危機感・危機意識」の実態など，「学校いじめ」を取り巻く種々の環境条件にも幅広く目を向けて深く検討しないと，実際に「総合的かつ効果的に推進する」ことはできないだろうと考える。

(2)　いじめ「定義」の曖昧性

　しかも，条文について異論が出て，改正が必要だと要望が集中しているのが次の「定義」である。

　　第2条　この法律において「いじめ」とは①児童等に対して，当該児童等が在籍する学校に在籍している等当該児童等と一定の人的関係にある他の児童等が行う②心理的又は物理的な影響を与える行為（インターネットを通じて行われるものを含む。）であって，③当該行為の対象となった児童等が心身の苦痛を感じているものをいう。（数字の項目分けは引用者）

　これまで文科（部）省は，1985年度から開始されたいじめ調査のための基準を提示してきた。調査開始当初の基準はごく大まかに言えば，a 加害行為と b 被害感情を c 学校が確認しているものであったが，c 学校が確認という基準は難しいだけに報告件数が少なくなるので，1994

年度の調査から外された。さらに文科省は2007年に被害者に寄り添いながら，いじめ実態を広範囲にカバーできるような新基準に改訂した。その改訂基準が「防止対策法」のなかで初めていじめの「定義」として提示された。

　改訂された「調査基準」から法的「定義」への変遷を通じて，学校関係者が抱く「いじめ観」の変化が表されているように感じる。1980年代後半にはa加害行為に力点があったのが，1990年代から2000年代になるとb被害感情に力点が移り，「防止対策法」の定義になると「心身の苦痛を感じている」がいっそう前面に出てくる。

　外面的に観察しやすいいじめ行為よりも，被害者の内面に寄り添うという視点の変化を，表2－1で挙げた「いじめ観」4タイプに対応させると，〔タイプⅠ：傍観者的〕〔タイプⅡ：加害・被害関係認識－隠蔽的〕を脱却して〔タイプⅣ：加害・被害関係認識－組織的対処〕を目指していることは間違いない。ただ，「定義」が極めて広い捉え方で，「心身の苦痛」を感じたら何でもいじめに該当してくる可能性があり，取り扱い方次第では〔タイプⅢ：加害・被害関係認識－管理主義的〕になる恐れがあるかもしれない。

　その恐れを指摘したのが日本弁護士連合会（日弁連）から出された法改正に向けての意見書である。この意見書は，運用4年後の時点でなお「防止改正法」に含まれる多くの課題について，いじめ事案に関わった全国の弁護士へのアンケートを踏まえながら，学校現場を踏まえた法令解釈について論じており，とりわけ「定義」への疑問が大きな部分を占めている[9]。そこで，それらの疑問のうち三つだけ抜き出す。

　①　いじめの定義が広すぎる一方，いじめの認定は否定的な評価を伴うので，学校はいじめをなかなか認定せず，恣意的な解釈をして組織としての情報共有が適切におこなわれなくなってしまう。
　②　基本的には子ども相互の調整によって解決すべきと考えられる事

例について，保護者が学校側に対して法的にいじめに該当するということで，行為をおこなった子どもに厳しい対処を求める事例がある。これは法的根拠による主張なので，教員は対応に苦慮する。

③　法的にいじめに該当することを理由に，教員が子どもに対して杓子定規に懲戒等の厳しい処分をおこなう事例がある。

以上のような意見が出される主な理由は，定義の条文が簡単で曖昧であり，「一定の人的関係」において，「行為の対象となった児童等が心身の苦痛を感じている」という書き方では，すべてがいじめに該当してくる可能性があるからである。「一定の人的関係」と言っても，「学校いじめ」の現実からすれば，「優位な立場と弱者の立場という特定の関係」に着目すべきであり，「その立場は時間経過のなかで逆転することもある関係」が対象となる。

また「心身の苦痛」といっても，被害者がSOSを明確に「発信」しても学校が的確に「受信」できなかった場合（上福岡市【事案１】），曖昧な「発信」を一部の教員だけが「受信」している場合（大津市【事案４】），被害者がSOSを明確には発信しなくて，学校側も気づかなかった場合（中野区【事案２】）など，被害は多様な発現形態を取るので，入念な調査がおこなわれないと，事実の究明もできず，対策の推進もできないだろう。

つまり，法規定に従うことと，学校組織が具体的にどのように対処するかは別の次元の課題であり，最終的には教員や学校組織，教育委員会が各いじめ事案に対応していかなる具体的な措置を実行するかが問われている。＜法律の原理＞と＜教育の原理＞との違いと言ってもよい。

ところが，実際にいじめの「認知」から「認識」へとレベルアップしていく際に，法の「定義」に当てはめて合致するか否かに拘るあまり，個々の児童生徒の心身の苦痛や耐えがたい不安や悲しみをどう理解するのか，という肝心の探究がないがしろにされると，本末転倒になってし

まう。

大津市【事案4】で言えば、「健次は笑っていたのが、泣いているようになったこともある」という教員の鋭い観察こそ重要である。「笑っていて問題ないように見えるが、実は彼は心のなかで泣いているのではないか」という教員の「受信の感性」が事実を捉えており、法の「定義」に従って形式的に文言をなぞっても事実を把握できるとは限らない。法律で一方的に与えられる定義を形式的に受け止めてはならず、学校関係者が自らの実践を通しながら、問題克服を目指して常に確認していく定義であるべきだろう。

なお私は、2007年に文科省が改訂版の認知調査基準を出した際に、それに対置させて、いじめを次のように独自に定義した。この定義は16年経た今なお、基本的に適用できると考えている。

　　子ども同士の①力関係のなかで、弱者の立場に置かれた被害者に対して優勢な立場にある加害者が、②一時的または継続的・長期的に、身体的、言語的、金銭的、あるいはケータイ・ネット上などさまざまな面で有形・無形の攻撃を加え、③身体的・精神的な苦痛をもたらすこと[10]。

この定義を私が独自に提起した趣旨は、青年前期の子どもたちに出現しやすい仲間同士の「力関係」に注目すること、明確に「加害者と被害者の関係」として捉えて人権侵害を正面から見据え、その克服と互いの人権を尊重し合う関係の確立という教育課題を提起すること、である。こうした趣旨こそ「学校いじめ」の理解に不可欠で、最初から法の定義の文言表現に即して、一定の言動がいじめであるかどうかの認定だけに汲々とすることは、それほど意味は無い。

146

「重大事態」の認定と非日常的な「クライシス・マネジメント」

(1)　「重大事態」の認定

　さて，第二章いじめ防止，第三章基本的施策，第四章いじめ防止等に関する措置，については「いじめ防止委員会」の設置など，従来から文科（部）省が繰り返し通達してきた内容とほぼ重なっており，施策や措置についてさらに詳しい具体的説明があればいっそう理解しやすい，と感じる程度で，全体としてはそれほど目新しい事項ではない。「危機管理」で言えば，日常的な未然予防が求められる「リスク」局面に関わる事項群と言える。

　それに対して，いじめ社会問題化の始まり以降，詳細に取り決めていなかった内容を「第五章重大事態への対処」として新たにまとめたのが「防止対策法」の本命とも言える箇所である。それこそ非日常的な場面である「クライシス」局面に関わり，学校組織の秩序の安定を左右する事項群である。おそらく大津市【事案4】で，大津市長が主導した本格的な第三者調査委員会の取組みの事例を踏まえての第五章となったに違いない。

　　第28条　学校の設置者又はその設置する学校は，次に掲げる場
　合には，その事態（以下「重大事態」という。）に対処し，及び当
　該重大事態と同種の事態の発生の防止に資するため，速やかに，当
　該学校の設置者又はその設置する学校の下に組織を設け，質問票の
　使用その他の適切な方法により当該重大事態に係る事実関係を明確
　にするための調査を行うものとする。
　　一　いじめにより当該学校に在籍する児童等の生命，心身又は財
　産に重大な被害が生じた疑いがあると認めるとき。
　　二　いじめにより当該学校に在籍する児童等が相当の期間学校を

欠席することを余儀なくされている疑いがあると認めるとき。

第2条「定義」での「心身の苦痛」が簡潔すぎる表現だけに漠然と捉えどころがないのと比べて，「重大事態」は具体的で把握しやすい要件を指している。要件がそろえば認定せざるを得ない規定だと言える。ただ，ここで大きな問題が立ちはだかる。

平仮名3文字の「いじめ」の使用では「価値判断の先行」をめぐる「価値判断固執」思考回路が作用しやすい。「学校いじめ」の特質や青年前期の発達的特徴を念頭に置かず，「いじめは悪」との価値判断だけに終始拘束され続けて，学校が目指す教育は何であるかの基本目標に混乱が生じ，いじめの「認知」から「認識」へレベルアップをしにくくなる。結果として事実の「隠蔽」となりやすい。では漢字4文字の重々しい「重大事態」ではどうなるか。それは第4章第2節「法制化の光と影」で触れたい。

児童生徒のいじめ行為に対する教員たちの咄嗟の主観的な判断が，思いがけず「学校制度の存立基盤」を揺るがすような社会の学校不信を引き起こし，学校組織の首を絞めるようなことにもなりかねない。たとえ一部の学校組織だとしても，そうした「価値判断固執」思考回路の流れが生じるのは，「学校いじめ」の社会問題化の本格的始まりであった上福岡市【事案1】以来，この45年間，一定数の事案に示され続けた通りである。

それだけに，学校組織が「自己閉鎖性・硬直性」を打ち破るしかないと考える。そうすると，[第28条]第2項が問題解決を阻む「自己閉鎖性・硬直性」を打ち破る契機として，極めて重要な事項であることに気づく。

(2)　被害者側への情報提供を通した信頼性の構築

被害者側への情報提供について，[第28条]第2項を引用する。

　2　学校の設置者又はその設置する学校は，前項の規定による調査を行ったときは，当該調査に係るいじめを受けた児童等及びその保護者に対し，当該調査に係る重大事態の事実関係等その他の必要な情報を適切に提供するものとする。

　確かにクライシス状況のなか，日常業務に加えて，各方面の聞き取りやアンケート調査，記録資料の収集，報告文の作成に追われる多忙さは普段の倍以上になり，被害者側児童生徒とその保護者に対して，その都度情報提供をする手間は並大抵のことではない。条文では具体的に挙げられていないが，「情報」とは，事案に対する基本的対処方針，調査の対象と方法，調査スケジュール，調査の経過報告，調査結果，調査結果に対する対応，今後の防止方針など，被害者側が望む情報が中心になる。

　しかし，そうした情報提供の手間を惜しむと，被害者側の学校に対する不信感は強まっていき，相互の意思疎通や相互理解が成立しなくなって，調査そのものも円滑に運ばなくなり，学校危機管理の推進ができないという悪循環に陥ってしまう。

　いじめ問題の危機管理でもっとも重要なのは，あまり言及されないけれども，被害者側と学校および教育委員会の間の「信頼関係」である。その信頼関係を基礎から支えるのが情報提供である。信頼関係があって情報提供ができる場合もあれば，逆に被害者側が望む情報を中心に，それ以外の情報も差し支えのない限り積極的に提供することで，信頼関係が育まれていく場合もあるだろう。

　大津市【事案4】で，市長が最初から心がけたのも遺族との信頼関係だった。学校・教育委員会とは異なる立場だったから，率直に開放的に被害者側と交流できたに違いない。再び市長の記録から抜き出す。

（2012年）7月25日，ご遺族とご遺族の弁護士にお会いしました。

「昨年の調査が不十分でずさんだったことについて，深くお詫び申し上げます。私自身，1月に市長に就任し，2月に訴訟が提起されて，少なくともその時点から調査が不十分であったことに早い段階で気づいて対応すべきであった，そのことについても深くお詫びします」最初にこのように申し上げ，ご遺族に深く頭を下げました。ご遺族はA君の遺影を持っておられました。…

　「市長，お気持ち，よく分かりました」ご遺族はそうおっしゃってこれまでの思いをお話しされ，そして，これからの再調査について，中立で公平な調査となるよう委員の人選や調査のありかたについて提言いただきました。…「市長には全幅の信頼をおいてお任せしようと思っていますので，原告と被告という立場ではなく，子どもに対する思い，教育現場に対する思いでやっていただければと思います。」

　このご遺族の言葉は，第三者調査委員会の立ち上げ，その後のいじめ対策や教育委員会改革の原動力になりました。ご遺族に謝罪をして，真摯に向き合うことが，真相究明のための出発点でした。（『教室のいじめとたたかう』27 ～ 28 頁）

　市長の取組みに対して遺族は，市長の記録の最後に以下のような文章を「寄稿」しているので，その一部を引用する。信頼関係こそが「学校いじめ」案件の解明と克服に向けた対処方策にとって重要であることを如実に示している。滋賀県警が暴行容疑で中学校と教育委員会を家宅捜査し，教員や生徒たちに事情聴取することで，いじめ自死に対する「クライシス・マネジメント」が完全に混乱してストップ状態に陥っていたところ，独自の第三者委員会による調査でようやく危機管理を再開できる基盤となったのは，民事裁判での原告の被害者と被告の市長との信頼関係であったに違いない。

　当時の越市長についてはどのような方かわかりませんでした。しかし，息子の中学校での卒業式で話さなくてもよい自身のいじめ体験を話され，記者会見等で話される内容や流される涙に信用できる人かもしれないと感じました。

　平成 24 年 7 月 25 日，初めてお会いして謝罪を受け，その際に「この事件について徹底的に真相究明していきます」との強い意思表明の言葉に，私はこの人に息子の事件を託そうと思いました。…（『教室のいじめとたたかう』196 頁）

第4章

「いじめ防止対策推進法」の「影」の克服

－「学校危機管理」の視点からの提言－

1 法制化に伴う「影」としての「学校いじめ」事案

「影」としての事案

　これまで述べてきたように，高度経済成長を通じた社会環境の大きな変化に伴って1970年代末から「学校いじめ」が増加し，最悪の事態である自死にまで至るようなクライシス（危機）が繰り返し生じてきた。もちろん，深刻ないじめの社会問題化のなかで，各学校は戸惑いながらもそれなりの対応を試みてはきた。文科（部）省と教育委員会もそれなりに対策を講じてはきた。

　しかし，過去の「いじめる習俗」と混同する要素も加わって多様化する「いじめ観」（表2－1）のうち，依然として〔タイプⅠ：傍観者的〕や〔タイプⅡ：加害・被害関係認識－隠蔽的〕に陥ったり，青年前期の発達的特徴を見過ごすと，「学校いじめ」はエスカレートする危険性があることを十分に認識できないケースがその後も続いてきた。

　しかも特に「自己閉鎖性・硬直性」の傾向が強い学校と教育委員会では，組織防衛的態度が無意識のうちに潜み，さらに「価値判断の先行」をめぐる「価値判断固執」思考回路が教員集団のなかに無自覚的に隠れてい

て,「危機感」や「危機意識」は抱かれず,いじめ事案を結果として「隠蔽」する結果をもたらしてきた。その現実を極端な形で見せつけたのが2011年の大津市【事案4】であった。当時の平野文科大臣に「もはや学校と市教委は当事者能力を欠いている」と言わしめたほどである。ここにきて,国会は立法化に動かざるをえなくなったのだと言えよう。

こうして成立した「防止対策法」が,国としてどのような危機管理を学校と教育委員会に法律の形で提示し,「いじめ問題」の克服にとっていかなる意義をもったかについて検討していこう。それが「光」の側面である。

その反対に,問題克服にとっての弱点として,法律の不十分な箇所や法律がカバーできていない学校組織の運営上の課題,さらに法制化の副作用と考えられる学校組織の新たな動きなどについて指摘していきたい。それが「影」の側面である。

この「光と影」の検討に入る前に,どうしても取り上げないわけにはいかないいじめ事件がある。大津市【事案4】から10年後,「防止対策法」制定から8年後の2021年3月に生じた,北海道旭川市立中学2年女子生徒が雪の公園で凍死しているのが発見された事件である。

2019年の中1の時からいじめが始まっており,その後の経緯を辿っても,きわめて自死に近いと感じられていたが,後で紹介するNHK総合テレビ番組で,生徒の友人に宛てたラインに自殺をほのめかす本人のメモが写し出された点からしても,自死と判断される。旭川市教育委員会による「第三者委員会」の最終報告でも,凍死は「自殺」とされた。

法制化によって「光」の分が膨らんでいき,「影」の部分が縮小していくことが当然の願いである。ところがそれどころではなく,法制化約10年の時点で,この典型的な「影」の事案を検討せざるを得ない,とは一体何を意味するのか。事案を通して冷静に入念に検討したい。

なお,これまでのように,扱う資料は公表された新聞・雑誌・ネット

記事やテレビ番組に限られる。2019年夏に生徒の入水自殺未遂後に地元月刊誌が「いじめだ」と報じてから，2023年夏までの4年ほどの間，各メディアは途切れなく報道を続けている。ただ，私自身は現地訪問調査をしていないので，それらメディア報道に基づく私の解釈には，歪みや多少の誤りが含まれるかもしれないことをお断りしておきたい。

それにもかかわらず，最後の旭川市【事案7】として掲げるのは，「影」の部分が想像以上に大きいことを指摘したいからである。上福岡市【事案1】から42年，東京都中野区【事案2】から35年経ても，いじめに対峙する学校組織の本質はあまり変わらないのではと感じる程で，法制化の効果が認められないことを示すケースだ，と言わざるを得ない。

いじめ問題対応をめぐる学校組織の本質は変わらない？

ごく大雑把に解釈した私の結論を先に述べる。この【事案7】は，第2章で論じた「いじめ観と対処法」の4タイプで言えば，当該中学校は〔タイプⅠ：傍観者的〕に似た態度からスタートしたところに，「初期対応」（初動）時の重大な誤りがあり，対処の仕方の時代錯誤的な性格が滲み出ている。いじめが社会問題化する45年前に逆戻りしたような感覚さえ覚える。

中1のいじめ被害から始まり，中学校は終始いじめだと認めなかった。旭川市教育委員会の第三者委員会が最終調査報告書でいじめと認定するまで3年半，被害者が「死亡＝自死」の時点からだと1年半もの時間を要した。これだけの時間を要したことは，前途有望たる人生が広がるはずの若干14歳の青年の「いのち」の扱われ方があまりに粗雑であり，理不尽だと感じてしまう。しかもそれが「いのちを育む」教育機関のなせる結果だと知ると，ただ言葉を失うばかりである。

法制化されてから，すでに8年が経過した時点での深刻な重大事態である。にもかかわらず，当該中学校（以下「中学校」）・旭川市教育委員

会（以下「市教委」）・北海道教育委員会（以下「道教委」）の3者が被害者家族との間で3年にもわたって対立を続けてきたなかで，全国的に注目され，各種メディアが発する情報も実に多い。

それだけに「学校いじめ」の危機管理にとって検討すべき諸問題が多岐にわたるので，ここで長い議論を展開することになるが，多方面から検討を加えていきたい。

事案7 北海道旭川市・中学2年生（2021年）

(1) 概要

2021年3月の中2生徒の凍死事件から始まった新聞・週刊誌・放送局各社（朝日・読売・共同通信そして文春による記事，および北海道放送ネット記事，NHKテレビ放送）による諸報道は，2022年9月までの1年半の間に，総計15本ほどの掲載記事のスクラップとして，さらに放送番組1本の私的録画として私の手元にある。それらはその時点ごとの断片的なものなので，報道内容の全体を時間経過の流れに沿って私なりに以下のように整理し直したい。なお，2021年8月に代理人弁護士が会見し，被害生徒の名前「広瀬爽彩（さあや）」を公表した。各報道ではこの本名が使われている。

広瀬さんに対するいじめは，中1だった2019年春のときから上級生3人や他校の生徒も入って始まった。コンビニでおごらされたり，わいせつな写真や動画も求められたりした。さらには「強要」されたわいせつな画像がネット上に拡散させられた。心理的な衝撃がよほどのことだったのだろう，同年の夏に加害生徒の見ている前で，土手から川に入って自殺未遂を図る。住民の通報で警察が駆けつけて救出された。

学校内で母親に対する謝罪の場が設けられたが，学校側はいじめとは認知しなかった。その後に広瀬さんは別の中学校に転校したが，ほとんど登校できずPTSD（心的外傷後ストレス障害）と診断された。2021

年2月，自宅を出た後に行方不明になり，1ヵ月余り経った同年3月に，自宅から2キロ離れた公園内で，雪に埋もれた凍死体で発見された。

死亡後に市教委が「第三者委員会」を設置して調査を開始し，2022年9月に，その最終調査報告書が発表された[1]。その主な内容は，いじめを認定し，凍死は「自殺」と認める，中学校と市教委の対応は「防止対策法」に違反する，但しいじめと自殺との因果関係は認められない，というものであった。

そして，その最終調査報告書が出た段階で，市教育長は「一連の事態を招いた責任を取りたい」と教育長を辞職した。また，遺族弁護団は，この報告書内容は不十分であると納得せず，旭川市長に再調査を申し入れ，市長は市長直属の調査委員会で再調査をおこなう方針を表明した。

(2) 「学校いじめ」メカニズム解明のための知見

広瀬さんが亡くなり，市教委の第三者委員会が調査をおこなっている最中の2021年11月に，母親が朝日新聞のインタビューに答えた長い記事と，さらに同時期に母親がNHK総合テレビ「クローズアップ現代＋」のインタビューに答えた番組映像がある。

母親は道教委の開示請求資料で，事実経過の一端を知り，それらを含めてインタビューの新聞記事と番組映像を見ると，新聞記事から3点，番組映像から2点の重要な局面が示されていると判断する。記事と映像に分けて，まず報道内容を紹介して，次に⇨印で私の考察を述べながら，計5点を検討したい。

〔A〕「朝日新聞」記事（2021年11月7日付）より

1) 2019年の中1のいじめについて気づいた母親が学校に問い合わせたが，十分な回答がなかった。そして6月の自殺未遂。学校に相談したが，学校からは「いたずらの度が過ぎただけ。法に触れるようなことだが，いじめではない」と言われた。⇨この学校側の発言「法に触れるようなことだが，いじめではない」とは実に不可解な言い方で，母親

にいじめでは，と追及されて答えに詰まった発言だったのかもしれない。しかし，もしこの発言の通りだとすれば，学校の認識は以下のような諸点で誤っている。

　第1に「学校いじめ」の仕組みを理解していないこと。「学校いじめ」はエスカレートしやすく，刑法犯罪に至りやすい（暴行・傷害・恐喝・強要など）から，両者は別物でなく，連続している（図2-1参照）。

　第2に「法に触れる」とは生徒が非行を犯したことであり，学校はそのことだけでも強い「危機意識」を抱くのが普通であるが，その態度が伺われない。

　第3に「いじめではない」を強調したい意図であれば，「価値判断固執」思考回路（表2-2）に陥っていたのではと想像できる。

　第4にこうした発言がなされる学校は，これも第2章で述べた，海外研究による「反いじめを目指す学校類型」で言えば，明らかに「機能しない学校」（表2-3）だと判定できる。

　それにしても，「法に触れるようなこと」とは何かについて，母親の新聞インタビュー記事では説明が省かれているので，警察の捜査状況についての週刊誌のネット配信記事（≪≫印）を参考にしたい。この記事により，本事案はいじめがエスカレートして「強要罪」（刑法第223条第1項）に触れる典型事例であることが分かる。「学校いじめ」への理解の無さはもちろん，少年非行に関する学校の危機意識の無さと，危機管理体制の無さは如何ともしがたいと言えよう。

　≪わいせつ画像を送るよう強要した加害少年については児童ポルノに係る法令違反に該当するが，当時14歳未満のために刑事責任を問えずに「触法少年」扱いで厳重注意。その他のメンバーは強要罪に当たるかどうか調べられたが証拠不十分で厳重注意処分となった。〔「文春オンライン」特集班（2022年1月1日ネット配信）〕≫

　このネット配信記事通りだとしたら，この少年非行について，学校は

いかなる対処をしたのか，母親に対して具体的に明確に説明していないようである。これでは，母親は真相が分からないと感じるだろう。

　２）　学校によって，加害生徒が母親（広瀬さんは入院中）に謝罪する場が設定された⇨「いじめではなくて悪ふざけだから，加害側が被害側に謝って仲直りする」という方法は，第２章で述べたように，1980年代によく見られた常套手段で，「いじめ観と対処法」の４類型で言えば「タイプⅠ：傍観者的」（表２－１）そのものである。こうした手法は逆にいじめを増幅させる結果となるので，生徒指導では用いられなくなったのだが，そうした手法の弱点が理解されていない。学校がおこなうべきことは，「悪ふざけ」の経緯を詳細に調べて，加害－被害の実態がないかどうかを明らかにし，学校のいじめ対処・防止の組織体制を見直すこと，広瀬さんをいかに守るかを学校組織として意思統一することであって，母親に対して謝罪の場を設定するというのは本筋の対処ではない。

　３）　2019年10月，市教委からの報告を受けた道教委は，「いじめの疑いがあると考えて対応するように」と市教委に求める文書を作成した。「客観的に見ていじめが疑われる状況である。川に入った際に『死にたい』を繰り返し訴えていることから『心身の苦痛を感じていることが考えられる』と指摘し，市教委を指導する」とした。ところが市教委は生徒らの謝罪が済んでおり，具体的な対応はしなかったという⇨「防止対策法」に沿った道教委と，法律を無視するような市教委との見解の相違を克服することはできなかったのだろうか。考えられることが四つある。

　第１に道教委は市教委を指導すると言っているのだから，それをどうして徹底できなかったのか。市教委は自らの自律性を主張し，道教委はそれを尊重し，その後の経緯を見守っているうちに時間が経ってしまったのだろうか。しかし，いじめのエスカレートを危惧すれば，一刻の猶予も無いと判断すべき局面である。

　第2に中学校と市教委の組織の閉鎖性と硬直性が相当に根深いのではないかと疑われる。生徒の心身の安全を守るよりも，学校と教育委員会の組織防衛の方が大切なのか，と感じざるを得ない。

　第3に道教委の指示に反してまで，なぜ中学校と市教委は頑なにいじめと認めないのか，その強硬な態度には別の要因があるような気がする。それは「価値判断固執」思考回路に陥っている状態が，「防止対策法」によってさらに強化されているのではないか，という推察である。つまり，「いじめの禁止」を謳う法律が制定されている以上，いじめが生じることは学校や教育委員会の評価を揺るがす事態だという潜在的な感覚があり，組織防衛の点からも評価の低下は避けたいという異常なまでに強迫的な思考が固定化されたのではないか，と想像できる。

　しかし，この頑な態度は結局のところ破綻し，学校に対する評価の低下は計り知れない。「学校いじめ」の「危機管理」の態勢が最初から最後まで貫かれていないと感じられる。

　第4に道教委と市教委の見解の乖離を無くす手立てはなかったか。矢巾町【事案5】で，文科省が町役場に生徒指導部長を派遣したように，担当者を送り込むことはできなかったか。あるいは，両教委から情報が伝えられれば，文科省は何らかの動きを見せていたかもしれない。

　〔B〕　NHK総合テレビ「クローズアップ現代＋」旭川女子中学生凍死－母親が語るいじめの実態－（2021年11月9日放送）より

　4）　自殺未遂のあとで学校に相談に行ったら，教頭が応対した（母親は教頭の話をすべてメモしていた）。いじめについては，生徒同士のトラブルだと繰り返すのみで，被害と加害の立場について質問したら，「10人の加害者にも未来がある。1人の被害者の未来のために10人の未来をつぶすわけにはいかない」と答えた⇨この発言は，目の前のいじめ問題についてはぐらかし，多人数の学級指導について昔から学校現場で暗黙のうちに念頭に置かれてきた効率的な指導原理を持ち出して無理

にこじつけているように思われる。

　つまり，日本の学校教育の歴史的特徴を一言で表すと「個」ではなく「全体」に焦点を合わせ，平均からはみ出す児童生徒にはそれほど焦点を当ててこなかった。その効率性によって義務教育レベルの教育の質の高さが保たれてきたと言える。しかし，今日では「全体を対象とする効率的な指導原理」そのものを捉え直し，一人ひとりの個性を大事にしながら，多様性を生かす新たな指導原理の時代に移行している。

　少子化時代だからこその変化だとも言えるが，不登校児童生徒の学びの機会を保障したり，変わった子どもと異常扱いされてきた，特異な能力を持つ子ども（ギフテッド gifted）の才能を伸ばす試みも始まっている通りである。いじめ被害者を大切にして守るという「防止対策法」の趣旨も，今の時代の「個」に焦点を当てる新たな教育観の流れに沿ったものだと考えてよい。

　教頭の発言は，いじめに言及していない点で母親の疑問に応えておらず，保護者と学校の信頼関係にとってマイナスとなる。さらにそれ以上に，教頭の教育観はもっともらしい効率主義を持ち出しているだけで，学校教育の指導原理の基本がすでに時代から遅れてしまっている点で大いに問題である。

　5）　川に入る自殺未遂を起こした際，川のなかから学校に電話をかけ，何度も「死にたい」と訴えていたように，広瀬さんは各方面に SOS を出していた。不登校になってからの悩み相談をネットライブ配信運営会社担当者に伝えていた。「…いじめを受けていたけど，とてもきつい…学校に行くにはどうしたらいいですか，学校はいじめを隠蔽しているし…」（NHK 番組では肉声がそのまま放送された）。

　さらに 2021 年 2 月，広瀬さんはネット上で知り合った友人にラインでメッセージを送っていた。「…決めた　きょう死のうと思う　今まで怖くて何もできなかった　ごめんね…」と書き送っていることが残された

スマホから明らかになった。⇨川から学校へ電話したのに，学校は手を指し伸ばしてくれなかった，という絶望感があったに違いない。その後のSOSは，ネット関係者や友人に対して発信された。SOSサインを真摯に受け止められない学校は，反いじめを目指す学校類型で言えば，「安全な学校」でなく，完全に「機能しない学校」（表2-3）である。

（3）エスカレートを防止できたと考えられる局面

1）本事案の場合，その経緯を辿りながら，どの局面でこうしていたら防止できた，と考えるより以前に，「学校いじめ」のスクール・マネジメントの基盤自体が確立していないと判断できる。軽微ないじめ問題を超えて「強要罪」の疑いで警察が捜査するという段階で，学校組織を挙げて危機管理に取組めるかどうかが問われる重大事態である。学校の組織体制と教員の危機感・危機意識について，日ごろから職員会議や教職員研修のなかで練りあげておく必要があった。

おそらく「悪であるいじめがある学校は悪い学校」といった無意識にはたらくステレオタイプが根付いていたのかもしれない。「いじめの『有無』」でなく「いじめの『克服の有無』」こそ学校評価に関わる，という明確な認識こそ不可欠である。

2）地元の北海道放送ネット配信記事によると，道教委が遺族側に開示した文書などから，広瀬さんが川に入って自殺未遂を起こした際，川のなかから学校に電話をかけ，何度も「死にたい」と訴えたと伝えた。〔北海道放送（2021年11月4日ネット配信）〕。

道教委による開示請求資料では，この電話は中学校で受けている，との記録がある。広瀬さんは学校に強いSOSサインを出していた。この電話を通じて学校はどのようにSOSを受信したのか。SOSサインだと認識できなかったのか。意味が分からずうやむやになったか。あるいは認識していても無視したのか。あるいは電話を受けた者が学校の他の誰かに伝えたかどうか。中学校のSOS受信態勢全体が根本から問われて

いる。

(4)　特記事項－「初期対応」（初動）の前提条件－

　先ほど，この事案は〔タイプⅠ：傍観者的〕からスタートしたところに，「初期対応」（初動）時の重大な誤りがあったと述べた。序章でも述べたように，いじめ問題と言えば「早期発見・早期克服」が何よりも重要だと従来から繰り返し言われてきた。いじめのエスカレートを防いだり，事態が複雑にならない初期のうちに状況を調べると解明しやすいなどの利点があるからである。この利点をまったく生かしきれていないのが本事案である。

　と言うよりもむしろ，この中学校ではいじめの認知すらなかったのだから，「早期発見・早期克服」という基本的概念すら持たれていなかったのが真相だろう。この事案を検討すると，「初期対応」には次の「前提条件」が不可欠であることに気づく。つまり，「いじめらしい」と感じたら，直ぐに動き回って調べて対応することが「初期対応」ということではない。「初期対応」が実現されるには，少なくとも以下の諸条件が前提として備わっていないと意味がないことに思い至る。

　１）　「学校いじめ」の特徴について事前に理解しておくこと。ささいな悪ふざけだと見放すと，エスカレートして刑法犯罪にまで至る危険性を帯びやすいこと。その危険性を防ぐには，教員一人で判断せずに，「いじめ防止委員会」の組織全体で判断し，具体的な対処法を見出すという学校の意識と組織の体制を整え，そのガイドラインを作成しておくこと。

　２）　中学生を中心にした青年前期の発達特性を理解すること。子どもから大人への過渡期にある不安定さから来る攻撃性が，社会的ルールを未だ体得していない未熟性と相まって，いじめが生じやすいこと。しかしそれを克服したら，相手の立場に立つことができる社会性を身に着ける成長が実現できること。

　３）　もしも「重大事態」が生じたら，学校組織として調査をおこない，

162

被害と加害の関係を明らかにし，学校の「いじめ防止基本方針」に照らして，どこに問題点があり，それをいかに克服するかの見通しを明らかにして，被害生徒とその保護者に情報を可能な限り伝えること。

　以上，肝心な３点を挙げたが，要するに「危機管理」態勢づくりの前提が満たされていない限り，「早期発見・早期克服」は実現できないだろう。単なる掛け声だけ発しても「安全な学校」に向けたスクール・マネジメントにはならないということである。

　先ほど，「自己閉鎖性・硬直性」の傾向が特に強い学校と教育委員会では，組織防衛的態度が無意識のうちに潜み，いじめ事案を「隠蔽」する結果をもたらしてきた，と述べた。それと対照させて表現すれば，「自己開放性・柔軟性」の性格を持つ学校と教育委員会は，「危機管理」態勢づくりができている，という言い方ができる。

２　法制化の「光と影」

　「影」の事案として位置づけざるをえなかった旭川市【事案７】であるが，その後の経過は，市教委の第三者委員会が「いじめ」と認定し，学校と市教委の当初からの扱いが「防止対策法」違反であると判断した。さらに，遺族保護者からの申し出により，市長のもとで再調査がおこなわれることになった。あまりにも長い時間がかかったとしか言いようがない。2023年７月には「旭川市いじめ防止対策推進条例」が公布・施行され，問題克服に向けて全市的取組みがようやく動き始めた。

　この痛ましい事案を念頭に置きながら，「防止対策法」によって「学校いじめ」の対処と防止の具体的な取組みがどのように明らかにされているかについて眺めていこう。その際に，日常的な「リスク・マネジメント」と，危機が生じたときの「クライシス・マネジメント」の二つの局面に分けて述べていきたい。

法制化の「光」

(1) 日常的な「リスク・マネジメント」のために

 1) 「いじめを行ってはならない」[第4条]に表明されているように，いじめの禁止の明確な方針を児童生徒だけでなく学校の教職員，保護者，地方公共団体，地域住民すべての責務とした。それに対して「たかが子どものいじめではないか，昔からいじめてきたし，大人もやっているから，わざわざ法律で謳うのは大げさ過ぎる」との反応が返ってくるかもしれない。しかし，法律の条文で明記することが問題解決の第一歩である。

 ただし，法律で謳ってもいじめは完全には無くならない。それは最初から「いじめよう」との意図がある行動は少なく，単に「からかう，嫌がらせをする，悪口を言う」程度の軽い行動に過ぎないと思っている場合がほとんどだからである。その軽い行動によって「心身の苦痛」を感じて耐えられないほど苦しいと感じている被害者の立場に気づき，それがいじめになっていると知ることが重要である。加害側の軽い行動がエスカレートしていけば，ますます被害側の苦痛が強まることに気づくために「いじめ防止」のための行動規制をすることに意義がある。

 そして，いじめ防止の基本方針を学校や地方公共団体が定めて公表することを責務としている。そうした基本方針はすでにかなりの学校で形式的にであれ，定められてはいたが，すべての学校と地方公共団体に徹底したことに意義がある。

 2) 初めての法的な「いじめの定義」は，たしかに広すぎる捉え方であり，曖昧な点も含んではいるが，「いじめ観」で言えば，〔タイプⅠ：傍観者的〕〔タイプⅡ：加害・被害関係認識－隠蔽的〕（表2－1）を克服する内容になっているところに意義がある。

 ここで特に注意すべきことは，「定義」の文言に拘って，何らかの行

動がいじめであるか否かの判定に汲々とするのは裁判所の法廷のように感じる。むしろ，教育の場である学校で仲間関係を指導する際には，揺れ動く青年前期の特徴を念頭に置きながら，「定義」は「手がかり」として受け止め，あくまで個々の友人関係の状況に即しつつ，入念に対処すべきである。

　3）　いじめ防止の組織の設置や組織の連携が義務づけられた。学校内の「いじめ防止委員会」，さらには学校・教育委員会・児童相談所・法務局・都道府県警察等の関係諸機関による地域の「いじめ問題対策連絡協議会」の設置である。個人が主観的で恣意的な判断をすると，いじめを見落としやすい。いじめか否か見分けがつかないような場面については，組織として各方面から検討して合同で総合的に判断すると，適切な結論に至るはずである。

　法の施行から半年経った 2014 年 3 月に，私が当時勤務していた大学がある愛知県内のいくつかの小・中・高校に問い合わせると，各校長からの返事はおおよそ次のような内容で共通していた。

　　本校でも以前からいじめ防止委員会があって，方針や具体的な取組みを教職員で議論してきたし，いじめが起きたときはケース検討会を開いてきた。立法化を受けて，教育委員会が改めて概略を示すので，それを受けて，新年度に向けた本校なりの方針・組織化・防止法を詳細に策定し直し，ホームページにも掲載する。今後はスクールカウンセラーとの連携を強化したり，いじめ防止委員会の議事録を残したり，今まで以上に取組みを徹底する必要がある。

　この返答のように，法制化はいじめ問題の対策や防止のための「かたち」を強力に整えるてこ入れとなった。もちろん，その「かたち」が実際に機能しているかどうかが，次に問われるべき点である。委員会や協

議会はあるが，開店休業でほとんど開かれていない，いじめ防止対策機構図に位置づけられていない，というような，ただ形式的だけで実質的に機能していないケースは，全国各地で無いわけではないからである。

(2)　非日常的な「クライシス・マネジメント」のために

　1)　第5章の「重大事態」とその対処方法に関する諸規定は，いじめに関してその都度出されてきた従来の通達には無かった詳しい内容であり，「防止対策法」の新たな意義である。もちろん，「重大事態」は無いに越したことはない。しかし，「たかが子どものいじめではないか」と軽く受け流していたのに，被害者が自死するに至って，学校側が驚き，戸惑い混乱して，何をどうすればよいか途方に暮れる様子が，上福岡市【事案1】から始まり，中野区【事案2】，西尾市【事案3】の典型事例に続けざまに現れた以上，「重大事態」に関する諸事項が定められたのは当然の流れだと言えよう。

　2)　そして「クライシス・マネジメント」としての具体的手順を示すものとして，学校や教育委員会が取組みやすくなった。学校がこの「危機管理」を円滑に遂行できなければ，世論の学校への不信感が生じて「学校制度の存立基盤」を揺るがすことにもなりかねない。学校への信頼回復という点からも，重要な作業課題として重視される。

　ただし，この作業課題をすべての学校と教育委員会が自覚しているかどうかは疑わしい。法制化10年を迎えた今でも，新たな「学校いじめ」事案が次々と生じているからである。

　3)　「重大事態」が発生したときは，国立大学法人附属学校は文科大臣に，公立学校は教育委員会を通じて地方公共団体の長に，私立学校は地方公共団体の長に報告する義務を負う［第29条，第31条］。この規定は，単に事務的な報告手続きを取り決めたのではなく，「重大事態」とはそれだけ重大であることを自覚して，すぐさま調査に当たる毅然とした姿勢を取ることを要請している。いじめ問題を個々の学校内だけで

なく，地域と国の全体の責任で向きあう課題であるとの趣旨を表明したものと受け止められる。しかも，それぞれの報告は各事案の情報を各機関で共有し，相互に交流しながら，さらに有効な対策を計画して解決を目指すべき重要な手がかりとなりうる。

　4）　a 速やかに，b 組織による，c 客観的な方法での事実関係の調査をおこない，d その調査に関する情報を事案の関係者に提供する，という具体的な手順が示された（アルファベット記号の区切りは法規定の引用者による）。「重大事態」が発生して，学校側が驚き，戸惑い混乱して，何をどうすればよいか途方に暮れるといった事態に陥らないようにする手引きに他ならない。

　従って a ～ d を一つずつ真摯に着実に進めていけばよいのだが，「防止対策法」が施行されて 10 年を経過するにもかかわらず，a ～ d の各段階について着実に進めることができないケースが後を絶たない。それは法規定の問題というよりも，むしろ学校組織や教育委員会の現場が抱える障害が大きく作用しているように感じられるので，それらの障害と考えられることを，次の「影」として検討しよう。

法制化の「影」

(1)　日常的な「リスク・マネジメント」の落とし穴

　1）　法律による広過ぎる「定義」の文言表現を絶対視すると，何でもいじめになりそうで，本来の目的から外れてしまう。「定義」を固定的に捉えて，それに基づいて調査と認知の判断をスタートさせると，「何のために」状況を調査して理解しようとするのか，肝心の点が疎かになってしまう。あくまで「安全な学校」づくりという本来の大きな目的を見失なわず，「定義」の文言だけに拘って対応を進めてはならないと考える。

　2）　大津市【事案4】があまりに深刻な社会問題となったためか，2011 年度から一定のいじめ認知件数の増加が毎年度（コロナ禍の 2020

年度は除き）続いていることは，「いじめ観」に変化が生じたことを示していると考えられる。つまり，「いじめは克服すべき教育課題であり（図2－1の「あそび」と「いじめ」の境界事例も含めて）細かく丁寧に調べて報告する」方向が現れていると言える。

　文科省も教育委員会も「どの学校でもいじめが起きる」，「どんな細かく小さなケースでも報告を」と叫び始めた。「いじめを無くそう」といった従来のメッセージとは異なる。たしかに「どの学校でもいじめが起きる」という言い方はその通りである。

　しかし，そのメッセージが何度も強く繰り返されることで，副作用を伴っているのではとも感じられる。なぜなら，そう叫ばれるにもかかわらず，依然としていじめの適切な認知や認識に至らず，「価値判断固執」思考回路（表2－2）に絡め取られて，「重大事態」まで至っているというのに，「重大事態」とは認めない学校が存在し続けているという，もう一方の現実を見落とせないからである。

　おそらく，「どの学校でもいじめが起きる」という注意喚起を形式的に繰り返しても，潜在的に存在する「価値判断の先行」がいっそう強化されるのではないか，という仮説的解釈が成り立つ。問題解決に向けての態度の確立が力説されればされるほど，解決が遠のくという逆説の結果が出現することもある，という解釈である。

　つまり，「危機感」を過剰に抱き過ぎた学校組織は硬直化し，状況を冷静で客観的に分析することが柔軟にできなくなって，「価値判断固執」思考回路に逃避しやすくなるという副作用が考えられる。繰り返される注意喚起をただそのまま聞くのではなく，青年前期の発達的特徴や「学校いじめ」の特質などを踏まえ，いじめ防止の学校組織体制をめぐる議論を活発にする方が生産的であろう。

　3）「重大事態」に向き合うために，「防止対策法」は「a 速やかに，b 組織による，c 客観的な方法での事実関係の調査…」を規定した。最

初の「a 速やかに，b 組織による」は普段からの体制づくりが整っていないと咄嗟には実現しにくい。いじめ問題の克服は，「初期対応」から組織性を通じて学校組織全体が動けるように，普段から体制が整っている必要がある。

　ところが，すでに触れたように「いじめ防止委員会」は設置しているが，いじめ防止対策機構図に位置づけられていないとか，同委員会は開店休業状態であり，実質的に機能していないか，動いていても報告だけで審議が無いといったケースが多い。いじめ自死に至った事案では，そのほとんどが委員会は機能しておらず，形骸化していたことがこれまでに明らかにされてきた。

　また，中学校で日常的に活動している「生徒指導委員会」のなかに「いじめ問題」を含ませていて，かりに議題に上ってきても，多くの生徒指導案件の一つとしての扱いになり，いじめ問題として独立的に扱うのが後回しになるといった実態も見聞きする。こうした委員会組織上の位置づけの理由は，「いじめ問題」への「危機感」のなさと，「価値判断固執」思考回路に絡め取られていることが想定される。

　「学校いじめ」の特質に注目するなら，「いじめ防止委員会」の組織の確立と，その咄嗟の活動が可能なように，日頃から「リスク・マネジメント」を怠らないことが要請される。

「ネットいじめ」の危機管理

　今述べている「『リスク・マネジメント』の落とし穴」の一環として，もう一つ大きな課題がある。従来からの「学校いじめ」を超える新たな形態として近年見落とせない「ネットいじめ」である。

　パソコンやスマートフォン（スマホ）を通じたいじめで，特にスマホが普及した青少年にとって，従来型の「直接対面」による「ヒューマン・コミュニケーション」でのいじめとは異なる。「非直接対面」でインター

ネットの SNS などによる「メディア・コミュニケーション」でのいじめは，学校や家庭，地域の仲間関係という生活の場所を超えて，また四六時中，いつでもどこでも生じるまったく新たな形態である。「防止対策法」のいじめ定義［第 2 条］のなかで「（インターネットを通じて行われるものを含む）」と補記されている通りである。

　とはいえ，一部の学校内の同級生など友人は別にして，教員や保護者は生徒個人のスマホ上のやりとりに気づきにくいので実に厄介である。学校や教育委員会，文科省の守備範囲を超える側面もあるから，「子ども家庭庁」も関わって取り扱うべきだと考えられる。たしかに，［第 19条］では「ネットいじめ」に対する対策として体制の強化を求めてはいるが，学校・教育委員会の現場では「ネットいじめ」の危機管理は，まだ十分に検討されていない。そこで，長い叙述となるので，ここで特に「『ネットいじめ』の危機管理」という小見出しを付けて独立させたわけである。

　ａ）　最初に，高度情報社会での人と人のコミュニケーションという基本的な観点から，いじめ問題を捉え直したい。

　従来からの直接対面のヒューマン・コミュニケーション上のいじめが，新たな非直接対面によるメディア・コミュニケーション上のいじめへと移行している面と，両形態が複層している面とが現出しているのが現代の特徴である。先ほどの旭川市【事案 7】の中 1 のいじめは，両者が絡み合って被害者の苦痛を強めていたことが分かる。「強要」されたわいせつな画像がネットに拡散させられたことが，心理的な衝撃を与え，PTSD を生じさせたに違いない。

　つまり，SNS などのネット上での，ことば及び映像・音声による意図的ないし無意図的暴力だと言える。仮にいじめの意図が無くても，伝える情報が相手に対して暴力的結果を及ぼすケースはしばしば起こりうる。

　ｂ）　ネットいじめは，米国でもすでに大きな社会問題になっていて，

『Cyber bullying サイバーブリング（電脳空間のいじめ）』という書名の本が今から15年前の2008年に出版されている。この本で米国の早い時期での状況が分かると同時に，日本のネットいじめと共通する面が多いことに気づく。米国では主としてパソコンを通じて始まったが，24時間にわたって正体不明者による不気味なことばによる攻撃が加えられて，被害者に恐怖を与えるという特徴を持つと指摘されている[2]。これに対して日本では主にスマホを通じてという違いはあるが，ネットを通じての攻撃性の特徴は共通すると言える。

　日本でも，新しい共同調査研究の成果『ネットいじめの現在』が2021年に刊行されていて，小・中・高校でのネットいじめの実態と，家庭と学校の背景との関係などが詳細な調査によって解明されている[3]。他方，米国の『サイバーブリング』の特徴は，「5章 両親は何ができるか」「6章 教員は何ができるか」という二つの章で，インタビュー調査を踏まえて具体的で実践的な内容が展開されているから参考になる。それら二つの章について，少しだけ紹介しておきたい[4]。

　〔両親の役割〕家庭でパソコンを操作する子どもたちが「ネットいじめ」に遭遇した際に，親の役割が大きいとの主張が印象的である。

　子どもはネットいじめを被っていることを親には言わない。なぜなら，親は付き合いを辞めなさいと言うだろうし，それでも子どもにとってネット仲間は大事だからである。とはいえ，パソコン前の子どものしょげた様子や，急に学力が落ちてきたことなどから親は子どもの異常に気付く。すぐに親は子どもに，ネット上でのいじめ問題という現実があることを伝え，学校にも被害の情報を連絡する。

　〔教員の役割〕これまでの教員は，ネットいじめは家庭で問題になっても，学校で扱う問題だとは考えていなかった。しかし，調べると一定の割合の生徒がネットいじめを経験していることが明らかになる。そこで，教員は「ネット上の安全 internet safety」が重要な課題であること

を認識し，現職研修で取り上げる必要がある。教員は生徒と「ネット上の安全」について議論し，「ネット上のエチケット＝ネチケット」を指導しつつ，問題あるケースは教員に報告するようにと，生徒を勇気づける。同時に保護者とも情報を共有する。学校教育の指導方針に「ネットいじめ」への取組みを謳う，など教員が実践すべき課題は多い。

　以上は，二つの章のごく一部であるが，そのまま日本でも今なお活用できるヒントに富んでいる。なによりも先ず，教員と保護者が子どもたちと共に新たな「ネットいじめ」問題を正面から直視することである。

　ｃ）　それでは一般的な議論に戻ろう。非直接対面によるメディア・コミュニケーション上のいじめの特徴について，具体的に考えてみたい。

　伝統的な「いじめる習俗」に見られる代表的な悪態語「死ね！」を例に挙げると分かりやすい。直接対面関係のなかでは「死ね！」と言われても，相手の顔色や口調から単に気軽な悪口に過ぎないと感じることも多い（関西の漫才で「死んでまえ！」は笑いを取る常套句である）。

　しかし，スマホではそうはいかない。メールで「死ね！」ということばが真夜中に何度も送られたり，あるいはSNSに書き込まれたりすると（配慮されるようになった今日では，「氏ね！」などと表記しないと自動的に削除されることがある），「死ね！」ということばが独り歩きを始め，受け取る方は徐々に精神的な苦痛を受けて追い詰められていくことになる。

　非直接対面関係であり，たとえ一部に写真や動画，絵文字などがあるにしても，文字と数字・記号のやり取りだけで，しかも「匿名性」という特徴がある場合も多く，暴言や侮蔑語などで加害行為が繰り返されやすい。従って，メディア・コミュニケーションは，攻撃性を発しやすい性質を帯びる弊害を知っておく必要がある。伝統的な「いじめる習俗」からはまったく想像もつかない時代の変化である。それだけに，この新形態の特徴を知ることが不可欠である。

　d）　従来のいじめと比較した諸特徴を私なりにごく簡潔に整理してみたのが表4－1である[5]。「いじめの方法・場所」，「被害の状態」，「加害者－被害者」「周囲からのいじめ認知」という四つの観点から，「従来のいじめ」と「ネットいじめ」の特徴を比較してみると，「攻撃的意志が強いとは限らない」にもかかわらず，「誰もが容易に加害者・被害者になりうる」し，「認知の可能性はかなり低い」と整理することができよう。それだけに，こうした新形態の特徴を知ることが，「ネットいじめ」を克服する第一歩である。

　e）　では「ネットいじめ」の危機管理はどのようなものか。「直接的な危機管理」と「間接的な危機管理」の二つを分けて考えたい。

　先ず「直接的な危機管理」について，この表4－1からも分かるように，「ネットいじめ」は従来のものとは異なる内容であるから，「ネットいじめ」の仕組みを児童生徒と共に考える機会をつくり，被害を受けたら速やかに友人，保護者，教師に知らせる体制づくりが重要な課題である。

　一人で抱え込まないという，クラスや学校全体そして特に家族の共通認識が求められる。これは従来のいじめの危機管理と同様であり，「安全な学校」の哲学そのものである。

　それでもなかなか切り出すことができない児童生徒の場合，かれらのちょっとした異変に気づけば，保護者同士や学校で情報交換をして，被害者の子どもをサポートすること，加害を中止するように家庭や学校から介入することが要請される。伝統的ないじめ以上に，幅広い周囲の人々による子どもたちに対する根気強い見守りが不可欠であり，現在それが最も要請されているのは従前からの「学校いじめ」を超える「ネットいじめ」である。

　とはいえ，「ネットいじめ」は周囲からきわめて気づきにくく，かりに認知できたとしても介入しにくいからと，対処行動を取らずに放置することになり，いじめをエスカレートさせる落とし穴に陥ってしまう。なか

表4－1 「ネットいじめ」の特徴

観　点	従来のいじめ	ネットいじめ
いじめの方法・場所	暴力・悪口・無視・金品要求・所持物の隠しなど，対面関係による直接行動的で，場所も一定範囲内。攻撃的意志はかなり強い。	誹謗中傷・個人情報をネット上にばらまくなど，言葉と映像による間接行動的で，場所は際限なく広がる。攻撃的意志は強いとは限らず，弱い場合もある。
被害の状態	学校内外で限定時間内，徐々にエスカレートする。	ネット上で四六時中，短時間で被害が深刻になる。
加害者－被害者	加害者は一人または数人，特定可能。加害－被害関係は入れ替わることもある。	特定は難しい。成りすましもあり。誰もが容易に加害者・被害者になりうる。
周囲からのいじめ認知	認知の可能性は高い。	認知の可能性はかなり低い。

でも教員組織にとって，同僚教員間連携（「同僚性」）が弱く「個業」の性格が強い学校だと，余計にその落とし穴は大きくなるだろう。

　教員は，スマホの使い方は買い与えた家庭の問題であり，学校は無関係と感じている場合が多いようであるが，次に挙げる「間接的な危機管理」の観点から言えば，実際に学校が果たすべき役割はきわめて大きい。

　ｆ）　では「間接的な危機管理」とはいかなる内容なのか。それは家庭では全くと言ってよいほど教えてはいない内容で，学校が指導すべき「情報教育」に関わる。情報教育と言えば，普通はパソコンやタブレットの操作技術だと理解されがちであるが，もちろんそれらも必要だとして，それ以上に重要でありながら，ほとんど体系だって教えられていな

い基礎知識がある。いわゆる「メディア・リテラシー」と呼ばれる領域の諸知識である。

　具体的な内容は，各種メディアの仕組みとはたらき，それらの長所と短所，メディアによるメッセージの批判的検討を踏まえて，インターネット利用に求められる基本的ルールに従い，メディアを創造的に活用していく能力の修得である。この修得こそ，いじめ予防を中心にした「危機管理」となるだろう。さらに「メディア・リテラシー」の修得は，「ネットいじめ」だけでなく，「学校いじめ」全体の克服にも貢献できるはずである。

　本章の論旨からすれば，脇道に逸れる印象を与えるかもしれないが，この「間接的な危機管理」の方が「直接的な危機管理」よりも，いっそう重要な意義を持つ。それこそ「急がば回れ」を拡大したような「危機管理」だからである。「直接的な危機管理」だけで，「間接的な危機管理」が無かったら，「ネットいじめ」の対処は，目先の対症療法に止まってしまうだろう。

　先ずは，コミュニケーションから見た人類史の流れである。次の３段階に区分できる，と私は考えている。

　ⅰ）　人類が誕生してから長い歴史のなかで営まれてきた直接面接関係による「ヒューマン・コミュニケーション」で，何千年以上にも及ぶ。

　ⅱ）　近代に入ってからラジオ・テレビなどの登場により，「一方向」ではあるが大量の情報を広範囲に伝達できる「マス・コミュニケーション」で，世界の新聞約400年，ラジオ放送約100年，テレビ放送約70年。

　ⅲ）　最近ではパソコンやスマホにより瞬時に地球全体にまで及んで「双方向」でやり取りされる便利な「メディア・コミュニケーション」で，世界のインターネット約40年。

　わざわざこんな人類コミュニケーション発展史を掲げた理由は，最新のⅲ）段階はわずか約40年しか経っておらず，いわば新参者でしかなく，

175

その長所と短所もまだ明確には明らかにされていないにもかかわらず，大人も含めて，中・高校生は当然の如く日夜使っている現実が日本全国で広がっているからである。「機械と人間」という馴染み深い哲学的テーマからすると，人間が機械を作り出したにもかかわらず，機械が人間を操っているかのような印象を受ける。電車内で満席の乗客が一斉にスマホを操作している光景を見ると，メディア機器が人間を支配しているかのような錯覚に陥るのが，その好例である。

「メディア media」は「媒介 medium」の複数形から来ているから，メディア機器そのものよりも，コミュニケーションの側面に着目することが重要である。「人間」は「じんかん」とも読むことに示されるように「人と人の間」にある存在であるから，互いのコミュニケーションこそ人間の本質であり，媒介物としてのメディア機器は，コミュニケーションの新たな「手段」なのであって，その手段を「目的」である主人のように扱うのは歪んだ認識であろう。つまり，「ネットいじめ」は，単にいじめ問題として絞り込んで扱うのではなく，最新の「メディア・コミュニケーション」全体に眼を向けないと，ネット時代のいじめの対処と防止の解明には至らないと考える。

　g）　そこで，検討すべき課題は，人間同士のコミュニケーションにとってメディア機器はいかなる「利便性・不便性・危険性」を持つのかという根本問題である。「利便性」は皆が日常的に実感しているところで，言うまでもないだろう。「危険性」も詐欺や性犯罪，誹謗中傷などとして直接体験され，よく知られている。全国の中・高校でも，スマホ会社のセキュリティ担当者や警察のサイバー犯罪担当者を講師に呼んで，「危険性」を説明する特別授業が日常的におこなわれている通りである。また，道徳の時間などで，ネット上のモラルやマナー（「ネチケット」）について「悪口や誹謗中傷，罵詈雑言などはいけない」などと指導している学校は多い。ところが，「不便性」については，意外にもあまり話題

にされない。

　h）　スマホを例に挙げて「不便性」を考えよう。たとえば LINE では，顔の表情，声の様子などの情報がなく，文字情報も限られているので，誤解や行き違いがよく生じる。単に各種の連絡や話題など簡単な情報伝達なら便利でも，感情や主義主張など込み入った意味内容を精確に伝えようとすれば，LINE でもメールでも的確に表現するのは難しい。自分の本来の気持ちではなかったのに誤解されて，あっというまに仲間はずれになってしまったり，集団から思いがけず悪口を言われる対象になってしまったりすることが日常的に生じている。それが「ネットいじめ」になってしまう。周囲の他の者もネットに参入してくると，発信者の意図が何であれ，結果としてのいじめは容易に起こる。

　そうした場合は直接の「対面関係」で互いの感情をノンバーバルな面（非言語で，視線や口元などの表情・身振り手振りなど）も含めて確認しながらじっくり話し合うしかないという対人技法を，今の青少年はあまり分かっていないことが多い。

　こうした事態が話題になることが多い小学校の保健室では，「顔を見て，自分の気持ちを言葉で伝えなさい」と指導する養護教諭がいる。トラブル修復のときに大切なことは，その時の自分の気持ちと相手の気持ちを伝え合うこと，そしてお互いに気持ちを聞き合わせて「そう思っていたんだ」と理解することで，多くのトラブルは解決する[6]。

　要するに，今や「メディア・コミュニケーション」が全盛の時代環境のなかで，昔からの素朴でコミュニケーションの原型というべき「ヒューマン・コミュニケーション」の復権が特に青少年世代に求められる。そのようなコミュニケーションに関する基本的視点を持たなければ，現代のいじめ問題を克服することはできないだろう。

　以上，「『リスク・マネジメント』の落とし穴」の一環として「ネットいじめ」について，かなり詳しく述べてきた。現代の学校現場では「ネッ

トいじめ」が増えているのに，その危機管理が十分に検討されていないと判断するからである。それでは次に「『クライシス・マネジメント』の落とし穴」について述べていきたい。「防止対策法」の後半部分に関する「影」の部分として特に重要なものとなる。

　(2)　非日常的な「クライシス・マネジメント」の落とし穴

　1）「重大事態」という用語を見聞きすると，すぐさま「事件」の発生を連想する。それだけに「いじめ」よりも重いイメージがあるから，いっそう「価値判断固執」思考回路に絡め取られやすい。「重大事態」と認定したくない，認定せざるを得ないとしても，教育委員会や文科省に報告したくない，といった無意識的な反応がつい頭をもたげる。事実，認定しなかった事案や，認定されても報告されないまま長期間放置されていた事案が，のちに大きくメディア報道されてきた。そうした対応はすべて学校や教育委員会に対する社会の不信を強めることになる。

　では，いじめ防止対策は「事件」防止が本来の目的なのかと言えば，そうではない。いじめ行動が他者に被害を及ぼしたので，その状況を調査し，揺れ動く青年前期の特徴や「学校いじめ」の仕組みを念頭に置きながら，被害者－加害者にとって，また学校にとってどこに問題と課題があるのかを明らかにし，教員と児童生徒，保護者さらに教育委員会がいかに取組むかを明らかにする課題である。「安全な学校」に向けた新たな学校創りが本来の目的のはずである。

　ところが，「防止対策法」に「第五章　重大事態」が置かれたことから感じられるのは，法律全体が実はいわば「事件対処型」発想に依っていると感じられることである。「事件対処型」発想とは，人々が学校に寄せる信頼を揺るがして「学校制度の存立基盤」が崩れることのないように，「事件」が生じた後に急ぎ対処する対策の構えを指す。

　2）「重大事態」が生じたときは，学校はすぐさま対応する組織を整える必要がある。学校内に特別の調査委員会を設置する。「いじめ防止

委員会」が母体となり，調査を実施しやすい少数精鋭メンバーで構成し，調査方針と調査対象，調査内容，調査期間，調査実施役割の割り振りを決めて，調査を開始することがごく一般的な手順であろう。

　しかし，実際には「いじめ防止委員会」が開店休業のような場合には，組織構成と調査計画を作成するよりも，恒常的な「生徒指導委員会」が急遽アンケート調査をしてみたり，クラス担任や学年担任がそれぞれ児童生徒や教員に別個に聞き取りをするなどして，断片的な資料を集めるが，対応の全体が統一されておらず，真相究明に至らないことが多い。クライシス（危機）に見舞われ，学校組織が慌てふためいて混乱している現れであろう。何のために何を調べるのか，学校が組織として把握できていないのである。

　あるいは，学校や教育委員会が「第三者委員会」を設置して調査に当たることもある。しかし，その場合の「第三者」に過去の学校関係者が入っていたりして，独立性が担保されていない委員会構成になっているケースがしばしばある。「第三者」の意味が理解されていない。大津市【事案4】では民事裁判中に，市長が学校と教育委員会から完全に離れた「第三者調査委員会」を立ち上げて，全国のモデルとなった。

　要するに，真相究明と対応策そして今後の未然防止策の立案にとっては，個々の調査をやればよい，というのではなく，調査の基本方針をはじめ調査の諸方法の全体を統括できる確かな組織性が「客観的な調査」の基礎づくりとして不可欠であるということである。

　3）　客観的な方法で事実関係を調査することについてさらに検討したい。近年はいじめの実態調査としてすぐに児童生徒対象のアンケートを実施する方法が定着してきてはいる。ただ，それで客観的なデータを集められるとは言い難い。質問項目の立て方によって適切なデータが得られるかどうか分からない。記名式か無記名式かで回答は異なってくるし，「いじめを経験した（見聞きした）ことがありますか」などと直截

的に質問しても，かれらのいじめに関する具体的理解が違うし，ありの
ままを回答してくれるかどうかも分からない。アンケートを実施しても，
データが十分に整理されず分析もされずに，調査票が戸棚にしまい込ま
れたままということなら，何のための調査の実施か意味が無くなる。

　それこそ調査委員会でどんな調査をして，アンケートの質問事項はど
うするか，児童生徒への聞き取りや教員，保護者への聞き取りなど，さ
まざまな立場からの率直な声をどのように集めて，すべてのデータを多
角的に分析する取組み方法を議論して初めて，客観的な調査が成立する
はずである。

　また，教員がその「感性」によって，子どもたちの言動を観察して得
た事実は「客観的」なデータになりうるか，という点も調査委員会です
べてのデータのなかに位置づけて検討されてよい。一人でなく複数の教
員がかれらの「感性」によって同様の事実を掴んだ場合は，客観的なデー
タになりうるだろう。

　４）　調査結果の情報提供および報告書を作成してどのように公表す
るのかも，学校や教育委員会の現場では議論のあるところである。それ
についても調査委員会が方針を決めて臨むべきだろう。そうでないと，
被害者側への情報提供が後回しとなることがしばしばで，学校側が何を
どのようにしようとしているのか理解できないと被害者側から不信感を
抱かれやすい。その結果，調査と調査書作成が円滑に進まない。ここで
も組織性が問われる。

　そして，調査結果のまとめと報告書作成は，あくまで「事実を詳細に
明らかにし，当該学校の教育を的確に検証し，今後の改善方向を具体的
に打ち出す」内容を目指し，他の学校教育関係者にとっても生きた参考
になるものが望ましい。

　さらに，報告書を公開するかどうかについては，全てのケースに共通
する明確な一般的方針を掲げることは難しく，ケースバイケースになら

ざるを得ないだろう。大津市【事案4】での第三者調査委員会による報告書の一般公開（個人情報箇所は除く）は市長の意向であり，被害者遺族側の了解を得たうえでの公開であり，しかも公開に値する充実した報告書であった。

　むしろ問われるべきは公開する，しないよりも前に，何のための報告書作成なのか，報告書で検討すべき点は何か，何が書かれるべきか，についての基本方針が明確にされているかどうか，である。少なくとも被害者（遺族を含む）が何を望んでいるか，子どもたちや保護者が何を希望しているかを十分に踏まえたうえでの報告書作成となるべきである。そして，報告書全体が，学校が掲げている「本校のいじめ防止基本方針」の内容を，具体的に検証できているかどうかに関わってくるはずである。

3　法制化の「影」を「光」へ転換するには
－「事件対処型」発想から「教育対応型」発想へ－

「影」を「光」へ転換するとは

　それでは，法制化に伴う「影」の部分を「光」に転換するにはどうすればよいだろうか。「防止対策法」を改正すればよいのでは，という反応が直ぐに返ってきそうである。たしかに，10年経過して，条文の一部を改正してはという意見が出されている。たとえばいじめ「定義」［第2条］が広すぎて何でもいじめになってしまうという弊害が生じやすい。あるいは，教育委員会にいじめ防止対策の附属機関を置く場合［第14条3項］，「必要があるときは」と条件が付けられているので，教育委員会が「必要ない」と判断してしまう余地があり，それが逃げ道になってしまうと，実効的な対応が不十分になる，など。ただし，本節で論じたい主な目的は法改正ではない。

もちろん法律を手掛かりにはするが，学校や教育委員会の現場がいかなる意識と思考，組織体制とその運営を通じて「影」を「光」に転換できるか，という点である。この点については，これまで関心や議論が弱く，余りにも曖昧で検討が不十分だと感じる。そこで，＜法律の原理＞と＜教育の原理＞の相違を念頭に置きながら，「学校いじめ」の克服は，あくまで＜教育の原理＞に基づきながら，具体的な諸方法を練り上げていくべきだという提案である。もちろん，法律はそのための補助的な原理となる。

　先ほど「『クライシス・マネジメント』の落とし穴」の最初に次のように述べた──「重大事態」という用語を見聞きすると，すぐさま「事件」の発生を連想する。では，いじめ防止対策は「事件」防止が本来の目的なのかと言えば，そうではない。揺れ動く青年前期の特徴や「学校いじめ」の仕組みを念頭に置きながら，被害者を守ることはもちろん，加害者にとって，また学校の状況認識のどこに問題と課題があるのかを明らかにし，教員と児童生徒，保護者さらに教育委員会がいかに取組むかという課題であり，「安全な学校」に向けた新たな学校創りが本来の目的のはずである，と。

　そこで，前半で触れた事件発生イメージの発想を「事件対処型」，後半で触れた「安全な学校」イメージの発想を「教育対応型」と名づけよう。法制化に伴って生じた「影」の部分を「光」に転換するには「事件対処型」から「教育対応型」への視点の転換が要請されている，と提言したい。

＜法律の原理＞と＜教育の原理＞

　いじめ問題について，「法律」では明確に文章化された一般的基準に照らして個別の状況を客観的に立証しながら被害－加害をめぐる諸事実を認定し，加害者に罰を科すことが原理となる。それに対して，「教育」

では個別具体的な場面での子ども理解と問題点と課題の解決に向けて，子どもと実際に関わり合いながら実践することが原理となる。つまり，両者はいじめ問題の捉え方や解決への取組み方について発想法が異なると言える。これらを比較しながら単純化して整理すると表4－2のようになろう。

表4－2　＜法律の原理＞と＜教育の原理＞

＜法律の原理＞	＜教育の原理＞
一般的・普遍的文脈 　　客観的に立証しうる「加害－被害」をめぐる諸事実を認定 　　事実認定に基づきながら法律条文に従い，加害者に罰（刑事罰・民事賠償など）を科す	具体的・個別的文脈 　　継続的な実践的関わりを通じて子どもたちの状況と問題点・課題を理解 　　学校内の組織体制に基づき，教員の協働に拠る子どもたちへの継続的関わりを通じて問題点と課題を解決

　多様な「学校いじめ」観で用いた図2－1「あそび－いじめ－刑法犯罪」の整理枠で再度考えてみよう。いじめ行動の当初は「あそび」か「いじめ」かの区別をつけにくく，曖昧なまま消滅していくこともある。ただし，複数の教員の観察や友人・保護者などの情報から加害－被害の関係が感じられ，「いじめ防止委員会」の審議を経て「いじめ（の可能性が大きい）」と見なされると，早速対処することになる。この「初期対応」（初動）を見逃すと「学校いじめ」の仕組みによってエスカレートする危険性が高まり「刑法犯罪」になってしまう場合も生じる。

　「あそび」ないし「いじめ」の段階では＜教育の原理＞が適用され，「リスク・マネジメント」としての「いじめ防止」となる。それがもし「刑

法犯罪」に至ったときは，暴行や傷害，恐喝，強要など刑法犯罪の事件という性格を帯びるので，＜教育の原理＞で対応できる範囲を超えているから，関係法令に基づき，警察や法務局とも連携しながら＜法律の原理＞にも依らざるを得ない。

　しかし，だからといって＜法律の原理＞で「いじめ」レベルにまで向き合うのは学校教育の取組みを歪めさせてしまう。たとえば，「事件」が生じないように子どもの行動を過剰に統制したり，「事件」が起きたとしても明るみに出ないように常に学校組織防衛を図ったり，他機関の意向を重んじて学校の自律性を損なったり，といった危険性が生じるからである。もしもいじめ問題の法制化が＜教育の原理＞を薄めるような作用を及ぼしているとすれば，それは逆効果ということになろう。

　そこで重要なことは，日頃から＜教育の原理＞を最大限に発揮することである。それこそ学校教育の責任であり，教員の専門性を発揮できることだからである。それは「いじめ」をあくまで「いじめ」レベルに止めて克服し，「刑法犯罪」へ悪化させない歯止めとするためである。ところが，「いじめ」の「初期対応」に失敗して「刑法犯罪」に至った事案が，これまで全国で何件発生してきたことだろうか。

「教育対応型」発想

　先ほど「事件対処型」発想とは，人々が学校に寄せる信頼を揺るがして「学校制度の存立基盤」が崩れることのないように，「事件」が生じた後に急ぎ対処する対策の構えを指すと述べた。「事件対処型」発想では，いじめ問題はあくまでいじめ事案そのものに集中して検討することになる。

　しかし，表面的に現われるいじめ行為の背後で，クラスや学校での歪んだ人間関係が潜んでいるのではないかと探っていくことが学校現場では当然ながら要請される。青年前期の発達的特徴が乗り越えられないま

ま，病理的状態に陥り，それが広がっているのではないかと疑うなら，それはいじめ問題に止まらずに学級・学校づくり全体を見直す課題になっていくはずである。それが「教育対応型」の発想であり，この課題まで「防止対策法」は具体的に言及していない。

一例を挙げよう。いじめ論議が社会問題として盛んになった 1980 年代半ば，東海地方のある小学校で，転任してきた中堅教員が校長から「まとまりの無いクラスを担任してほしい」と告げられて，始業式当日に初めてその 6 年生のクラスへ行って子どもたちの様子を見たときに「直感」したのが「悪質ないじめが広がっている」という実態であった。

その担任が試行錯誤で実践したことは，学級内のルールを明確に伝えること，クラス全体で取組む課題，各人が取組む課題を提示すること，保護者との交流広場として学級通信を毎週発行すること，などである。学級崩壊に近かったクラスが立て直されていくとともに，いじめも無くなっていった[7]。

学級が集団である限り，全体の目標や課題があり，共同活動のなかで各自の役割が与えられ，相互の尊重と信頼に貫かれてこそクラス集団のまとまりがある。いじめはそのまとまりに亀裂が入ることであり，エスカレートすると学級崩壊に至ることもある。逆に，学級崩壊が進行するなかでいじめを伴うこともあるだろう。いじめのアンケート調査も必要ではあるが，それよりも大切なことは，クラス全体のまとまりの様子を総合的に感覚的に捉える担任教員の「直観」である。

「直観」とは単に断片的で曖昧な感覚のように思われがちであるが，そうではない。個人がそれまでのすべての経験と，そこから得られた知識が総合的に統一されて瞬時に浮かぶ合理的判断のことであり，日頃から子どもたちの様子を詳細に観察している教員だからこそできる確かな見通しである[8]。それは教育実践に生きる教員の専門的力量の大きな要素であると言える。

近年のいじめアンケート調査が実態把握の主要な方法になっているとすれば, それはいわば「事件対処型」発想に基づいており, 「防止対策法」の条文が持ち出されて議論されることも多い。しかも, 1980年代後半以降から今日まで「いじめ（民事）裁判」訴訟が全国でかなりの数が起こされ, いじめ問題は司法の世界に持ち込まれてきた。いじめに関する初めての立法化によって, いじめをめぐる＜法律の原理＞と＜教育の原理＞とが全面的に向き合う新たな局面に入った。そこで, 改めて両者を比較して検討すべき段階である。

　「学校いじめ」の対処にとっては, 「教育対応型」発想を弱体化させないとともに, 「リスク＋クライシス・マネジメントの落とし穴」として検討してきたように, 法制化に伴う「影」の側面を「光」に転換するためにも, 「教育対応型」発想が不可欠だと考える。

加害者に対する懲戒

　「防止対策法」は, 被害者の立場を理解して徹底的に守り, 加害者は厳しく対処するという基本構成である。この構成自体はその通りで賛成である。しかし, 厳しく対処する方法として「校長および教員による『懲戒』」が掲げられているが, それこそ＜法律の原理＞そのもので, ＜教育の原理＞からすれば, その実行は簡単なことではない。何よりも「厳しく」という態度が, 結局は「懲戒」する側にとっての感覚であり, 加害者本人にとって本当に「厳しく」感じられるかどうかは疑問である。先ず, いじめ加害者は「出席停止」とすることができるという「懲戒」に関連する条文を引用する。

　　第25条　校長及び教員は, 当該学校に在籍する児童等がいじめを行っている場合であって教育上必要があると認めるときは, 学校教育法第11条の規定に基づき, 適切に, 当該児童等に対して懲戒

を加えるものとする。

　第26条　市町村の教育委員会は，いじめを行った児童等の保護者に対して学校教育法第35条第1項（同法第49条において準用する場合を含む。）の規定に基づき当該児童等の出席停止を命ずる等，いじめを受けた児童等その他の児童等が安心して教育を受けられるようにするために必要な措置を速やかに講ずるものとする。

　〔参考〕学校教育法

　第35条　市町村の教育委員会は，次に掲げる行為の一又は二以上を繰り返し行う等性行不良であつて他の児童の教育に妨げがあると認める児童があるときは，その保護者に対して，児童の出席停止を命ずることができる。

　　一　他の児童に傷害，心身の苦痛又は財産上の損失を与える行為
　　二　職員に傷害又は心身の苦痛を与える行為
　　三　施設又は設備を損壊する行為
　　四　授業その他の教育活動の実施を妨げる行為

「学校教育法」第35条第一は，まさにいじめに該当するように見える。しかし，あからさまに暴れまわるような児童生徒とは異なり，いじめ加害の多くは，意図的な加害というよりも，軽微ないやがらせや悪ふざけなどであり，それを被害者が苦痛に感じていることが加害側に分からない状態も含まれる。そうした状態を理解せずに，放置すると加害がエスカレートすることは「学校いじめ」の特質として，すでに述べた通りである。では，いじめ加害は放置せずに「懲戒」としての「出席停止」にするのかと言えば，諸種の問題を検討する必要がある。それらを4点挙げよう。

　第1に高校の場合ならば「学校教育法」第49条により校長が「停学」の懲戒を与えることができる。しかし「防止対策法」第26条規定では，

187

義務教育の小・中学校の場合は「出席停止」の命令を出すのは教育委員会であって校長ではない。しかも，事前に（加害者の）保護者の意見を聴取し，理由及び期間を記載した文書を交付せねばならない。学校や教育委員会にとって時間的にも労力的にも大変な負担を被るような措置がいじめの対応として現実的であるかどうか疑わしい。しかも加害者は複数であることがいじめの通例である。いじめの周辺にいる「観衆」や「傍観者」まで，どのように「懲戒」対象にするのか。「いじめ加害者は出席停止の懲戒処分に！」といった華々しく勇ましい言い方が，どれだけ雑駁で無責任であるか，すぐに分かるはずである。

　第2に仮に「出席停止」にした場合，家庭に閉じ込めたままでよいのかどうか。どうやって学習権の保障をするのか。学校に在籍している以上，加害者の学びをいかに保障するのかを同時に計画していくというのが＜教育の原理＞である。「ただの悪ふざけで，いじめる気は無かったのに，いじめだと認定され，『出席停止』とされたのが納得できない」と，生徒と保護者は裁判に訴えるかもしれない。＜法律の原理＞で対応すれば，＜法律の原理＞で返ってくる今の現実がある。学校はそれで「学校いじめ」を克服できるか。

　第3に大切なことは，いじめ加害者と被害者，周辺の観衆や傍観者すべてが集う学級や学年あるいは全校の場において，いじめが「悪」であることを共に認識し，被害を訴えることが正当であることを知らしめ，「悪」を克服する学びこそいじめの対処と防止に必要とされている。それゆえ，特定の加害者に「懲戒」を与えることを強調することは，真の学習にはならないだろう。そうしたいじめ対応は，教育の場である学校において，＜教育の原理＞を捨てるに等しいと言えないだろうか。

　第4にいじめがもしもエスカレートして，「暴行」，「傷害」，「恐喝」，「強要」化している場合は，犯罪行為であるから警察に連絡すべき事案である。警察は＜法律の原理＞で動き，学校は＜教育の原理＞で動くから，

学校は警察とは連携しづらいのかもしれない。

　しかし，目の前のいじめが「刑法犯罪」に移行しているのなら，児童生徒を「非行」から救い出すためにも，警察との協同の取組みをためらうことはない。警察との連携こそ「毅然とした」態度の一つである。こうした「毅然とした」態度を学校が取れなくて，これまで何人の生徒がいじめに追い詰められて自死を遂げることになったか。中野区【事案2】，西尾市【事案3】，大津市【事案4】，岐阜市【事案6】，旭川市【事案7】といった過去の教訓から，今後の学校や教育委員会が学ぶことができるか，その点が厳しく問われている。

教育課題としての「学校いじめ」の克服

　それでは，いじめ問題に対して＜教育の原理＞を発揮するのは，具体的にどのような取組みなのか。それは以下の2点を実行すれば大抵は解決するはずだと考える。

　ⓐ　周囲の何らかの言動によって，つらい，苦しいと感じている子どもたちが身近にいることを知ること（「認知・認識」レベルの実行課題）。

　ⓑ　かれらが「いやだ」と感じるような言動を周囲に止めさせること（「行動」レベルの実行課題）。

「何らかの言動」とは，図1－1に示したように，軽度から重度に至る言動まで多種多様である。それらを一括して「いじめ」と平仮名三文字で呼んでしまうから，具体的なイメージが拡散し，その結果，ⓐがうまくいかず，ⓑに達しなくなりがちである。従って，「つらい，苦しいと感じている」言動を「止める」ことを肝に銘じることが大切な日常生活上の実行課題である。

　ⓐとⓑを大切にすることは，いじめに限らず，それ以外の幅広い教育課題にも関連してくる。それこそ「青年前期にどう向き合うか」という

中心的な課題に注目することであり，対人関係能力を向上させることであり，「メディア・リテラシー」を磨くことであり，人権感覚を磨くことに繋がる。ところが，ただ「いじめ」という言葉から問題を始めて，「いじめ」という言葉で論議することは，そうした幅広い諸課題を矮小化したり見落としたりすることになりやすい。そこで，いじめ加害と被害の立場を理解するための手がかりを改めて補足しておこう。

　青年前期は，子どもから大人への過渡期にあって，心身共に不安定であり，親への依存から抜け出て「自己」意識が芽生えるが，「自己」自体が未だ不明確なだけに，自分の位置や能力への不安がある。そこで，一方では仲間にのめり込んだり（過剰同調），他方では誰かを弱者の立場に追いやって，複数で攻撃して自らの勢力を誇示（いじめはその一つの具体化）したりする。しかし，高校生になって身体変化も安定し，少しずつ「自己」の姿が明瞭になってくると，いじめや暴力の発生も減少することが，いじめや暴力行為に関する文科省の全国データからも読み取れる。

　いじめ加害の立場について述べてきたが，いじめ被害の立場にも青年前期の特徴を理解することができる。「自己」という自覚のなかで自分の能力や力の程度を意識することは，親から心理的に自立しようとし，自尊の感情を抱くことでもある。従って，いじめ被害にあったときにそれを親や教員，友人に知らせず，自分の内だけに押しとどめることはしばしばある。あえて明るく振る舞って周囲に気づかれないようにしたり，「いじめられているのでは」と教員や親が問うても「そんなことはない」と笑顔で応えたりするのは，青年前期の発達の特徴からくる言動である。＜教育の原理＞にとって重要な，そうした特徴については「防止対策法」は言及していない。中野区【事案２】や西尾市【事案３】の被害者にはそうした片鱗をうかがうことができる。

4　「いじめ」という語り方を問う

　1970 年代末から「学校いじめ」が社会問題化し，その後の 35 年間に深刻な諸事案が出現するとともに広く論議を呼び，ついには国会で取り上げられて，2013 年に「防止対策法」が制定されるに至った。それから 10 年が経過した時点で，計 45 年に及ぶ「学校いじめ」の取組みを振り返ると，私には一つだけどうしても引っ掛かる疑問がある。それは「いじめ」ということばで議論するゆえに，議論が混乱し，収斂性，前進性の無さをもたらし続けてきたのでないか，という疑いである。この点はこれまでの社会問題としての長くて広い議論のなかで，まったく問題にされないままであった。ことばを厳密に構成すべき法律でも「いじめ」で通しているだけに，余計に強い疑問となってきた。

「いじめ」という用語の曖昧性

　すでに触れたように，もともと動詞形の「いじめる」という表現しかなかったのに，1980 年代にいじめが社会問題になるなかで名詞形「いじめ」が新たに生まれた。しかし，この新語はもともと子ども仲間集団の「習俗」の一端を示す「いじめる」を引き継いだことばだから，いきおい多様な「いじめ」観を内包することになる。タイプ分けすると，表 2−1 で示したように，新たな〔タイプⅢ：加害・被害関係認識−管理主義的〕〔タイプⅣ：加害・被害関係認識−組織的対処〕だけでなく，古くからの〔タイプⅠ：傍観者的〕や過渡期のイメージというべき〔タイプⅡ：加害・被害関係認識−隠蔽的〕の 4 類型全てが今もなお人々のイメージのなかに混在していると感じる。

　それゆえ「いじめ」の意味は意識と無意識の両レベルで錯綜していて，多義的で曖昧であり，議論が収斂せずに前進していかない傾向がある。

しかも，平仮名3文字の「いじめ」に対して，「刑法犯罪」レベルでの「暴行」「傷害」「恐喝」「強要」といった重々しい漢字2文字群を並べると，「いじめ」は軽く牧歌的な雰囲気さえ漂う。この雰囲気が子どものSOS受信を怠ったり，いじめ論議の混乱や前進性の無さに一定の作用を与えている…というのは，うがった解釈だろうか。

　さらに，「いじめは悪」という価値判断を最初から含み込むから，「価値判断の先行」の思考形態を取りやすく，「価値判断固執」思考回路に絡め取られやすい（表2－2）。たしかに，「いじめをなくす」という表現は誰もが賛成する。しかし，個々のいじめ事案について，いじめということばを使いながら「客観的に解明」することが必ずしも実現するとは思えない。これまでも諸事案をめぐって「いじめがあった…いやなかった…いじめとは思わなかった…」などと，空回りの議論に終始するケースが多かった。要は，「いじめ」ということばの使用が，問題の解明と解決にとって適切ではない，ということを主張したいのである。

　そこで，「いじめ」に代わる用語を提案したい。法律の「定義」からしても，「いじめ観と対処法」の〔タイプⅣ：加害・被害関係認識－組織的対処〕の考え方からしても，被害者の立場を尊重する表現にするのが妥当である。

代替語「辛く苦しく耐え難い思い（をしている子)」とその意義

　代替語として提案したいのは「辛く苦しく耐え難い思い（をしている子)」である。具体的な状況を説明する長い文言なので，簡単過ぎる「いじめ」のように，多義的で曖昧なニュアンスを与える余地は無い。

　もちろん，この表現だといじめ問題だけでなく，不登校や学業不振，友人関係，進路の悩みなど多くの問題にも広く着目することにもなるが，そうした種々の問題を抱えた子どもたちにどれだけ寄り添うかが何より

も重要な教員と学校の役目だという自覚を持てば，サインの見逃しを防ぐこともできるはずである[9]。

　では，実際に表現を代えるとどうなるかを具体的に示してみよう。たとえば「防止対策法」第3条「基本理念」を原文〔A〕にして，「いじめ」を代わりの表現「辛く苦しく耐え難い思い（をしている子）」に置き換えた文〔B〕を対置してみる。〔B〕の細部の文言は読みやすくなるように調整を施した。

　〔A〕　第3条　いじめの防止等のための対策は，いじめが全ての児童等に関係する問題であることに鑑み，児童等が安心して学習その他の活動に取り組むことができるよう，学校の内外を問わずいじめが行われなくなるようにすることを旨として行われなければならない。

　2　いじめの防止等のための対策は，全ての児童等がいじめを行わず，及び他の児童等に対して行われるいじめを認識しながらこれを放置することがないようにするため，いじめが児童等の心身に及ぼす影響その他のいじめの問題に関する児童等の理解を深めることを旨として行われなければならない。

　3　いじめの防止等のための対策は，いじめを受けた児童等の生命及び心身を保護することが特に重要であることを認識しつつ，国，地方公共団体，学校，地域住民，家庭その他の関係者の連携の下，いじめの問題を克服することを目指して行われなければならない。

　〔B〕　第3条　辛く苦しく耐え難い思いをしている子をなくすための対策は，児童等が安心して学習その他の活動に取り組むことができるよう，学校の内外を問わず辛く苦しく耐え難い思いをすることがないようにすることを旨として行われなければならない。

2　辛く苦しく耐え難い思いをしている子をなくすための対策は，全ての児童等が辛く苦しく耐え難い思いをしている子をつくりだしたりしないように，またそうした子どもがいることを認識しながらこれを放置することがないようにするため，辛く苦しく耐え難い思いをすることが児童等の心身に及ぼす影響その他辛く苦しく耐え難い思いをしている子に関する児童等の理解を深めることを旨として行われなければならない。

　3　辛く苦しく耐え難い思いの防止等のための対策は，辛く苦しく耐え難い思いを受けた児童等の生命及び心身を保護することが特に重要であることを認識しつつ，国，地方公共団体，学校，地域住民，家庭その他の関係者の連携の下，辛く苦しく耐え難い思いをしている子の問題を克服することを目指して行われなければならない。

　〔A〕の〔B〕への言い換えは，滑らかな文章表現ではないので，実際に法律文を改正すべきと言っているのでない。言い換えを提案する趣旨は，［第3条］の一つの例を示すことで，改めて＜法律の原理＞と＜教育の原理＞との相違を浮き上がらせたいためである。比較して浮かび上がることが二つある。

　第1にいじめ行為を法的な立場から包括的に把握するのではなく，あくまで被害者に焦点を置いてかれらの内面の苦痛に注目することで，問題対象を個別具体的に明確にすることである。

　第2にいじめ問題の克服を目指して，学校が家庭や地域と連携するという課題の指摘に止まることなく，何を行うのかという具体的な対処行動を導きやすくすることである。

　45年経っても「重大事態」が全国各地の学校で今もなお生じ続けている。そのうえ，何年も前のいじめ事案が「重大事態」だったと認定され直したり，「重大事態」なのに教育委員会や文科省に報告されないままだったり，法制化のもとで考えられないような事案が出現し続けてい

る。あるいは，被害者側からの訴えにより，「重大事態」を学校や教育委員会での調査から，首長部局での「第三者調査委員会」の調査でやり直すといった，調査の不十分さによる混乱も各地で生じている。

　こうした状況が生まれる背景には，「いじめ」という平仮名3文字では，学校や教育委員会が表面的に軽く扱いがちになり，そして安易で混乱しがちな議論に堕しやすいという，これまで見落とされやすい要因が考えられる。もしそうであるなら，「いじめ」という平仮名3文字を使うことを止めて語ってはどうか，というのが45年間の総括としての私の率直な提案なのである。

注

序章

(1)　日本弁護士連合会（日弁連）「いじめ防止対策推進法『3 年後見直し』に関する意見書」2 ～ 3 頁，2018 年 1 月 18 日，日弁連ウェブページ「公表資料」。

(2)　アンケート調査に基づく心理学的で微視的な研究としては，田中美子『「いじめ」のメカニズム』世界思想社，2010 年，など。

(3)　高徳忍『いじめ問題ハンドブックー分析・資料・年表ー』つげ書房新社，1999 年。なお私自身は，本格的な社会問題化の始まりは，翌 1979 年の埼玉県上福岡市・中学 1 年生のいじめ事件だと捉えている。

(4)　文部科学省『生徒指導提要』（令和 4 年 12 月改訂）ジアース教育新社，2023 年，120 頁。

(5)　D. Olweus, *Bullying at School: What we know and what we can do*, Blackwell, 1993, pp.1- 2 ,p.9. 英国から帰ると，邦訳が出版されていた。松井賽夫・角山剛・都築幸恵共訳『いじめーこうすれば防げる・ノルウェーにおける成功例ー』川島書店，1995 年，20 頁，28 － 29 頁。

(6)　P.Goldblum, D.L.Espelage,J.Chu & B.Bongar(eds) *Youth Suicide and Bullying: Challenges and Strategies for Prevention and Intervention*, Oxford Univ.Press,2015, chap.1-2, chap.4.

(7)　梅野正信・采女博文編著『実践　いじめ授業ー主要事件「判決文を徹底活用ー』エイデル研究所，2001 年，Ⅰ部理論編。

(8)　「学校安全」の観点からいじめ問題を大きく扱っている英語の本として，2 冊挙げておきたい。P.D.Blauvelt, *Making school safe for student*, Corwin Press,1999, R.Phillips, J.Linney & C.Pack, *Safe school ambassadors:harnessing student power to stop bullying and violence*, Jossey-bass,2008.

第 1 章

(1)　黄向陽「中国の学校における『いじめ』対策」土屋基規・P.K. スミス・添田久美子・折出健二編著『いじめととりくんだ国々－日本と世界の学校におけるいじめへの対応と施策－』ミネルヴァ書房，2005 年。

(2)　森田洋司総監修『世界のいじめ－各国の現状と取組み－』金子書房，1998 年〔英語版は，P.K.Smith, Y.Morita, J.Junger-Tas, D.Olweus, and P.Slee (eds.) *The Nature of School Bullying: A Cross-National Perspective*, Routledge,1999. 世界 20 ヵ国以上におけるいじめの実態，社会・文化背景，学校制度，いじめ克服の取組み，などを網羅した労作〕。また，森田洋司監修『いじめの国際比較研究』金子書房，2001 年〔日本のいじめ状況をイギリス，オランダ，ノルウェーのそれと比較分析したもの〕。

　　さらに，注(1)で中国の黄論文の収録に触れたが，土屋基規・P.K. スミス・添田久美子・折出健二編著『いじめととりくんだ国々－日本と世界の学校におけるいじめへの対応と施策－』ミネルヴァ書房，2005 年〔2003 年に神戸市で開催された「国際教育セミナー」での研究発表を基に，イギリス・カナダ・スペイン・イタリア・韓国・中国・日本の研究者が寄稿。各国独自のいじめ防止プログラムが探究され始めている〕。

(3)　代表的な国際比較研究として 3 点を挙げておく。E.Munthe and E.Roland (eds) *Bullying: an international perspective*, David Fulton in association with the Professional Development Foundation,1989 〔オルウェーズの古典的著作よりも 4 年前に出版された，先駆的な国際比較研究書。英国・アイルランド・オランダ・イタリアなどヨーロッパ諸国での 1980 年代の調査研究を踏まえながら，各国の比較研究の必要性を訴えている〕。

　　S.R.Jimerson, S.M.Swearer and D.L.Espelage (eds) *Handbook of bullying in schools: an international perspective*, Routledge, 2010 〔600 頁を超える大著，全 41 章の 4 割は米国以外の国々でのいじめ評価・防止・介入の諸側

面を包括的に扱っている〕。

　　P.K.Smith, K.Kwak and Y.Toda（eds）*School bullying in different cultures:Eastern and Western perspectives*, Cambridge Univ.Press, 2016〔実証的な成果を多く含む国際比較研究。東洋では中国・香港・韓国・日本など，西洋では米国・英国・カナダ・オーストラリア・オーストリア・ニュージーランド・アイルランド・トルコなど，全14ヵ国を対象に検討〕。

(4)　K.Sullivan, *The Anti-bullying handbook*, Oxford Univ. Press, 2000〔著者はカナダの大学で博士号を取得したあと，イギリスで研究を続け，ニュージーランドの大学の教育学部で教えている。オーストラリアの大学で，反いじめプログラムの調査に携わる〕。

(5)　今津孝次郎『人生時間割の社会学』世界思想社，2008年，第5章。

(6)　E.フロム『破壊－人間性の解剖－』作田啓一・佐野哲郎共訳，紀伊國屋書店，1975年〔上〕，313頁。

(7)　A.ストー『人間の攻撃心』高橋哲郎訳，晶文社，1973，77頁。

(8)　学校でのいじめは「被害者－加害者－観衆－傍観者」という4層から成り立っていると森田洋司は実証的に指摘した。森田洋司・清永賢二『いじめ－教室の病い－』金子書房，1986年。

(9)　文部科学省『生徒指導提要』（前掲），23-24頁。

(10)　冨田武忠編『いじめられっ子』講談社，1980年。

(11)　小中陽太郎「ぼくは自殺します－ある中学生の場合－」『世界』岩波書店，1980年5月号，金賛汀『ぼく，もう我慢できないよ－ある「いじめられっ子」の自殺－』（正・続）一光社，1980年（講談社文庫版，1989年）。

(12)　文科省ウェブページ「児童生徒のいじめの問題に関する指導の充実について（通知）児童生徒の問題行動に関する検討会議緊急提言－いじめの問題の解決のためのアピール－」（1985年）

(13)　豊田充『いじめはなぜ防げないのか－「葬式ごっこ」から21年－』朝日新聞社，2007年，第4章。

第2章

(1) 中日新聞本社・社会部編『清輝君がのこしてくれたもの－愛知・西尾中2いじめ自殺事件を考える－』海越出版社，1994年。

(2) 今津孝次郎『増補 いじめ問題の発生・展開と今後の課題－25年を総括する－』黎明書房，2007年，47頁。

(3) 文科省ウェブページ「いじめの現状について－いじめの解消の状況について－」（2021〔令和3〕年11月22日）

(4) K.Sullivan, *The Anti-bullying handbook*,op.cit.,Part 2.

(5) D.Glover, N.Cartwright & D.Gleeson, *Towards Bully-free Schools:interventions in action*, Open University Press,1998.

(6) ibid,p.53.

(7) ibid,chap.4.

(8) 文科省ウェブページ「文部科学大臣からのお願い」（2006［平成18］年11月17日）。

(9) 今津孝次郎『学校臨床社会学－教育問題の解明と解決のために－』新曜社，2012年，【研究事例2】。

第3章

(1) 共同通信大阪社会部『大津中2いじめ自殺－学校はなぜ目を背けたのか－』PHP新書，2013年，越直美『教室のいじめとたたかう－大津いじめ事件・女性市長の改革－』ワニブックス，2014年。

(2) 共同通信大阪社会部『大津中2いじめ自殺』前掲，46～47頁。

(3) 同書，166頁。

(4) 越直美『教室のいじめとたたかう』前掲，33～40頁。なお，大津市長といじめ加害者側が被告となった民事裁判の結果については，間山広朗「未

完のいじめ自殺−物語としての判決と羅生門的解釈−」〔北澤毅・間山広朗編『囚われのいじめ問題−未完の大津市中学生自殺事件−』岩波書店，2021年，第8章〕で約10年にも及ぶ裁判の経過が詳細に分析されている。大津地裁では被告側の主張の大半が退けられて，原告請求額のほぼ満額の賠償が命じられた。被告生徒側が上告した大阪高裁では，自殺に関する原告遺族の4割の過失責任を認めた。遺族側はこれを不服として上告したが，最高裁は棄却，2審判決が2021年1月に確定した。

(5) 第三者調査委員会報告書は第Ⅲ部を中心に，大津市のウェブページで検索できる。大津市立中学校におけるいじめに関する第三者調査委員会の調査報告書について／大津市（otsu.lg.jp） 全編については，市役所市民部いじめ対策推進室にて閲覧・コピーができる。

(6) 法律全篇については，いじめ防止対策推進法（平成25年9月28日）：文部科学省（mext.go.jp）。衆参両院での各委員会での附帯決議については，別添4 いじめ防止対策推進法案に対する附帯決議 （衆議院文部科学委員会）：文部科学省（mext.go.jp）。別添5 いじめ防止対策推進法案に対する附帯決議 （参議院文教科学委員会）：文部科学省（mext.go.jp）。

(7) 今津孝次郎『新版 変動社会の教師教育』名古屋大学出版会，2017年，72頁。

(8) 岩手県矢巾町教育委員会ウェブページ「いじめ問題対策委員会『調査報告書』」〔概要版，2016年12月23日，PDF〕

(9) 日弁連「いじめ防止対策推進法『3年後見直し』に関する意見書」2〜3頁，日弁連ウェブページ「公表資料」（前掲）。

(10) 今津孝次郎『増補 いじめ問題の発生・展開と今後の課題−25年を総括する−』，（前掲），180頁（番号は原文）。

第4章

(1) 調査報告書は，旭川市役所ウェブページで「公表版」をPDFで見ることができる。ただ，詳細で大部の報告書には黒塗り箇所があまりに多くあって内容が分かりにくい。そこで，特定できる個人名や機関名は当然伏せたうえで，報告書の「概要版」を編集すれば公表に相応しくなるだろう。
　　　www.city.asahikawa.hokkaido.jp/kurashi/218/266/270/d076131.html

(2) R.M.Kowalski, S.P.Limber & P.W.Agatston, *Cyber Bullying:Bullying in the Digital Age*,Blackwell,2008,chap.3.

(3) 原清治編著『ネットいじめの現在－子どもたちの磁場でなにが起きているのか－』ミネルヴァ書房，2021年。

(4) R.M.Kowalski, S.P.Limber & P.W.Agatston, *Cyber Bullying*,op.cit.,chap.4 and chap.5.

(5) 今津孝次郎『いじめ・虐待・体罰をその一言で語らない－教育のことばを問い直す－』新曜社，2019年，159頁。

(6) 今津孝次郎監修・著，子どもたちの健やかな育ちを考える養護教諭編著『小学校保健室から発信！　先生・保護者のためのスマホ読本』学事出版，2017年，79～82頁，一部修正。

(7) 今津孝次郎『教師が育つ条件』岩波新書，2012年，「はじめに」。

(8) 「直観」とは決して当て推量といった曖昧な反応ではない。教室で子どもをめぐる流動的な状況の中で，咄嗟の認識と実践的介入の判断が求められるから，教員の長年の経験から総合的に生み出される「直観」や「感性」が重要になる。今津孝次郎『新版　変動社会の教師教育』（前掲），72頁。

(9) 「いじめ」の代替語を初めて提案したのは，今津孝次郎「平仮名3文字で『いじめ』を語らない－辛く苦しく耐え難い思いをしている子どもに寄り添うこと－」『児童心理』金子書房，2018年5月号。

あとがき

　私が小学校 5 年生の時に経験した地域仲間集団でのいじめ場面がどういうわけか記憶に残っていたせいだろうか，1979 年に生じた中 1・林賢一君のいじめ自死事件（上福岡市【事案 1】）の諸記録に衝撃を受けてから，「学校いじめ」のことがずっと気になっていた。大学に勤め始めてから 10 数年経った 1980 年代半ばに，愛知県内で勤務する大学でいじめ問題を少し話題にすると，同僚の教育学者から「いじめなんて研究対象になるのか？」と詰問されたことがある。「どこにでもある単なる子どものいじめではないか」というニュアンスが込められていたように思う。実はちょうどその頃，海外ではすでに本格的な調査研究が始まっていたことを，かなり後になって知った。

　当初から研究などという本格的な意図は無かったにしても，教育社会学を専攻する立場からは，いいかげんにできないという気分がずっと続いていた。1980 年代後半から 1990 年代以降になって，いじめ問題についてメディア報道が盛んになってからは特に注目していて，英国での海外研修期間中も，当然のように英国の文献資料やインタビューを集めた。

　諸資料が溜まってくるとともに，愛知県内の学校訪問でいじめ問題について問題提起の話をする機会が増えてきた頃，黎明書房の武馬久仁裕社長から「本にまとめてみませんか」というお誘いのお手紙をいただいた。しばらく時間がかかったが，2005 年 11 月に，研究計画にはなかった『いじめ問題の発生・展開と今後の課題－ 25 年を総括する－』の原稿が思わず出来上がり，出版が実現した。これで問題の区切りとし，「学校いじめ」も終息に向かうだろう，という気持ちを「25 年を総括する」

という副題に込めた。

　ところがその後も全国でいじめ事件がさらに続き，論議も国家政策レベルまで絡んでますます高まっていった。1年4ヵ月後の2007年3月，これもごく自然に，最新動向とその考察を追加した『増補版』を刊行するに至った。

　その後も，折に触れて「学校いじめ」についてその時々の想いや考えを書く機会があり，早くも16年が経った。その間，単著で書いた単行本5冊（1・2・3・6・8）と雑誌論考3点（4・5・7）を発行年の順に並べると次のようになる。本書には，それらの文章のなかから，部分的に用いた箇所があることをお断りしたい。

1. 『いじめ問題の発生・展開と今後の課題－25年を総括する－』黎明書房，2005年11月
2. 『増補　いじめ問題の発生・展開と今後の課題－25年を総括する－』黎明書房，2007年3月
3. 「中学校のいじめ防止」『学校臨床社会学－教育問題の解明と解決のために－』（研究事例2）新曜社，2012年4月
4. 「いじめ認識の弱点を乗り越える」『教育と医学』慶応義塾大学出版会，2013年11月号，4〜11頁
5. 「『いじめ防止対策推進法』をどう受け止めるか」『月刊高校教育』学事出版，2014年5月号，36〜39頁
6. 『学校と暴力－いじめ・体罰問題の本質－』平凡社新書，2014年10月
7. 「平仮名三文字で『いじめ』問題を語らない－『つらく苦しく耐え難い思いをしている子ども』に寄り添うこと－」『児童心理』金子書房，2018年5月号，114〜118頁
8. 『いじめ・虐待・体罰をその一言で語らない－教育のことばを問い

直す－』新曜社，2019 年 10 月

　2023 年は，ちょうど「いじめ防止対策推進法」が公布・施行されて
から満 10 年の節目であった。私は 2015 年から，愛知県条例に基づく
「愛知県いじめ問題調査委員会」の委員長を務めていて，8 年が経過した。
私立学校を中心に，学校側から愛知県に提出された書類・調査報告書・
諸資料について，いじめ対処・防止の取組みが適切であるかどうかを再
調査する任務である。

　私は月 1 回開催の委員会の自分の席の机上に，常にこの法律全篇を
置いている。審議する事案を検討する際に，法律と照らし合わせること
が多いからである。守秘義務があるので，扱った具体的な各学校事案に
触れることはできないが，照らし合わせていくうちに，「いじめ防止対
策推進法の『光と影』」という文言が頭に浮かぶようになった。「学校い
じめ」の現実がこの法律とどのように関わっているか，問題解決に法律
が寄与できている側面（「光」）と，法律ではなお問題解決が難しい側面
（「影」）とが，身近に感じられるようになったからである。

　法制化 10 年の節目の時点で，「学校いじめ」の 45 年を振り返りたく
なった。そこで，海外の文献を追加して検討しつつ，特に法律が 10 年
間でどんな効果を上げ，如何なる点でまだ効果を上げていないか，ある
いは法制化で新たな課題が生じてはいないか，といった諸点について，
さまざまな具体的事案を通して，45 年間の「学校いじめ」問題の軌跡
のなかに位置づけながら，検証しないといけない，と考え始めた。

　そこで，節目の 10 年を迎えた 2023 年の夏に集中して原稿をまとめた。
「学校いじめ」に関する最初の著作（2005 年）とその増補版（2007 年）
の刊行で大変お世話になった，黎明書房の武馬久仁裕社長が，16 年ぶ
りの企画にすぐさま賛同していただき，さっそく草稿に関して細かなコ
メントまでいただいた。以前と変わらぬご配慮に厚くお礼申し上げたい。

　最初の著作の副題が「25年を総括する」であったから，今回の副題は「いじめ防止対策推進法の光と影」と共に，「45年を総括する」の意味も込めたい想いがある。そして，最初の著作（2005年）の「あとがき」の最後に記した文言を，20年近く経た今でも繰り返さないといけないことは，正直言って口惜しく悲痛なことであり，やり場のない憤りにも似た感情が湧いてくる。それでもやはりここで繰り返さないわけにはいかない。

　いじめを受けて，10歳かそこらで自らの尊い命を絶ってしまった多くの子どもたち，心身に傷害を受けてしまった子どもたち，そしていじめを受けた痛手から今もなお脱することのできない子ども（大人）たち，かれらすべてに本書を捧げたい。その犠牲から学ぶ尊い教訓を，私たちはこれからも一日たりとも忘れてはならない，と考える。

　2023年9月28日
　　　　「いじめ防止対策推進法」施行から10年が経過した日に

　　　　　　　　　　　　　　　　　　　　　　　著　者

著者紹介

今津孝次郎

1946 年　徳島県生まれ
1968 年　京都大学教育学部卒業
1974 年　京都大学大学院教育学研究科博士課程満期退学
1995 年　博士（教育学）名古屋大学
　　三重大学教育学部助教授，名古屋大学教育学部助教授，名古屋大学大学院教育発達科学研究科教授，名古屋大学教育学部附属中高等学校長，
　　愛知東邦大学教育学部長，星槎大学大学院教育学研究科長を経て，
　　現在，星槎大学特任教授，名古屋大学名誉教授，愛知東邦大学名誉教授，愛知県いじめ問題調査委員会委員長
専攻　学校臨床社会学・教育社会学・発達社会学
著書　『いじめ・虐待・体罰をその一言で語らない－教育のことばを問い直す－』
　　新曜社，2019 年，『新版　変動社会の教師教育』名古屋大学出版会，2017 年〔中国語版『変動社会的教師教育』呂光洙訳，浙江大学出版社，2022 年〕，『学校と暴力－いじめ・体罰問題の本質－』平凡社新書，2014 年，『教師が育つ条件』岩波新書，2012 年，『学校臨床学－教育問題の解明と解決のために－』〔ワードマップシリーズ〕新曜社，2012 年，『教員免許更新制を問う』岩波ブックレット，2009 年，『人生時間割の社会学』世界思想社，2008 年，『増補　いじめ問題の発生・展開と今後の課題－ 25 年を総括する－』黎明書房，2007 年，など
共編著書　『人生 100 年時代の「学び直し」を問う』東信堂，2023 年，『続　教育言説をどう読むか－教育を語ることばから教育を問い直す－』新曜社，2010 年，など

「学校いじめ」のメカニズムと危機管理 － 「いじめ防止対策推進法」の 光 と 影 －

2024 年 1 月 5 日　初版発行

著　者	今 津 孝 次 郎
発 行 者	武 馬 久 仁 裕
印　刷	株式会社　太洋社
製　本	株式会社　太洋社

発 行 所　　　　　株式会社　黎 明 書 房

〒460-0002　名古屋市中区丸の内 3-6-27　EBS ビル　☎ 052-962-3045
　　　　　　　FAX 052-951-9065　振替・00880-1-59001
〒101-0047　東京連絡所・千代田区内神田 1-12-12　美土代ビル 6 階
　　　　　　　☎ 03-3268-3470